エジプト塩の本

たかはしよしこ

美術出版社

はじめまして。

料理家のたかはしよしこです。

『エジプト塩の本』を手にとってくださりありがとうございます。
2011年の秋にエジプト塩は誕生しました。
大好きなお野菜をもっとおいしく食べる方法はないかと、日々のお野菜を使ったお料理で試行錯誤しながらいろんな土地の塩や、いろいろなディップや、いろいろなスパイスの楽しい使い方を、試していた中のひとつとして生まれたのがエジプト塩でした。

とにかく食べていただくと、おいしい！エジプトの旅を思い出した！など、老若男女の方に喜んでいただけて、それは作った私も驚きのできごとでした。

ネーミングは食べたときのイメージを名付けただけで、「エジプト」とは一切の関係がないのです。ただ、食べるとエジプトに、はたまたピラミッドに！トリップできるというのは本当です(笑)。それは妄想の世界。食べることでエジプトにトリップできるのです！　それはなんとすばらしい体験なんでしょう！

初めての方、もう食べたことのある方、ずっと常備して愛用してくださっている方。エジプト塩は使い方次第で無限大なのです！
まずはこの『エジプト塩の本』を参考にしていただき、あとは毎日の食卓であなたの好きな味に創作してください。
新しくておいしい、あなたの中の食の扉がぱーーーっ！と開いて、今までよりもずっとずっと楽しくて自由で愉快な食事の時間となりますように。

みなさまの食卓に愛を込めて。

たかはしよしこ

エジプト塩を世界でもっとも愛してくれた
敬愛する姉の知子にこの本を捧げる

もくじ

002　ごあいさつ

008　エジプト塩ってなに？

011　エジプト塩どう使う？

012　かけるだけでおいしくなる！おすすめ 10 品

エジプト塩魔法のレシピ

第1章　やさい

024　エジオ冷やし酢トマト

025　にんじんココナッツラペ

028　ビーツのポタージュ

029　ルッコラとエジオのサラダ

032　絶品！揚げごぼう

033　きのこ on きのこ しいたけ丸ごとフライ

036　グリルなす バンバンジーソース

037　キャベツとキヌアのホットサラダ

042　丸ごとバターナッツの塩プリン

043　エジオねっとり焼きいも

046　季節の彩り野菜丸かじりプレート
生野菜／グリル野菜／ロースト野菜／揚げ野菜／ゆで野菜／蒸し野菜

第2章　おつまみ

054　エジオポテチ

055　エジオセビーチェ

058　エジオ冷ややっこ

059　エジおからサラダ

062　いちじくとさつまいものピラミッドサモサ

063　サ・バ・タ・ブ・レ

066　じゃがエジオチーズ春巻き

067　エジオゼッポリーニ
070　ひよこ豆のエジオフムス
071　かぼちゃのガレット シュリカンドとエジプト塩かけ
074　エジオカプレーゼ
075　とうもろこし塩プリンとおひげかき揚げ

第3章　おかず

102　エジオきんぴら
103　異国こんにゃく炒め
106　エジオバンバンジー餃子
107　エスニックなピーマンの肉詰め
110　白いんげんの塩麹コロッケ
114　エジオセロリ納豆
115　高野豆腐のアーモンドカツ エジオバルサミコソースかけ
118　ホロッホー蒸し
119　チリンドロン
122　ピタサンドプレート

第4章　ごはん

126　おかゆとギーとエジオ
127　エジオ・パズートースト
130　根菜ごりごりちらし寿司
134　エジプシャンビビンパ丼
にんじんごまナムル／ピーマンと干ししいたけの海苔ナムル／ごぼうカレーナムル／かぼちゃのエジオナムル／きゅうりとしょうがのナムル
138　エジプト塩さつまいもフォカッチャ
142　楽しいタルティーヌ
アボカドエジオ／釜揚げしらすエジオ／リコッタいちじくハニー
146　エジオ酸辣チャーハン
147　農民パスタ

第5章　おやつ

152　エジオレモンビスコッティー
153　エジオキャロットケーキ
156　極上干し柿チョコテリーヌ
157　かぼちゃアイスのピラミッドクッキーサンド

あの人のエジプト塩

160　細川亜衣
164　なかしましほ
166　石村由起子
168　ロス・バルバドス
170　田代翔太

別丁 エジプト塩マガジン

081　別丁エジプト塩マガジン
082　エジプトには行ったことないけどできちゃいました。
085　エジプト塩のおいしいコラボ
086　エジプト塩とゆかいな仲間たち大集合！
088　エ塩工場見学
090　エジプト塩マイベスト3
094　日本全国エジオをかけたいお取り寄せ
096　エジオと一緒に使いたい調味料
099　エジプト塩のテーマソング

172　自分で作る調味料
176　「エジプト塩」全国取扱店一覧
178　「S/S/A/W」ご案内

エジプト塩って
なに？

エジプト塩について、まずは食べる前に学んでみよう！
たかはしよしこがエジプト塩の基本の「き」にお答えします。

工塩学基礎Ⅰ　3年 E 組　氏名 たかはしよしこ

問１　エジプト塩の生みの親は誰？

たかはしよしこ（私）

問２　エジプト塩とはどんな調味料？

魔法の万能調味料！
お料理に一振りするだけで異国にトリップ
できちゃいますっっ

問３　エジプト塩の正しい読み方を答えよ。

「えじぷとじお」えじぷとえんではありません！
略して「エジオ」ですっっ

問４　エジプト塩の原材料をすべて答えよ。

アーモンド・天然塩・ピスタチオ・白胡椒
クミン・コリアンダー——

問５　瓶詰の内容量は何グラム？

70g

問６　賞味期限を答えよ。

生産から6カ月

問７　エジプト塩のネーミングの由来について、50字以内で答えよ。

食べるとエジプトにトリップできるような味！
という妄想から付けたもので
エジプト由来ではありませーん！

問8　エジプト塩が誕生した経緯について、100字以内で答えよ。

ケータリングの仕事をしていた頃
お野菜を沢山食べてほしいという思いから作った
調味料がはじまり。瓶詰めとしての販売は
2011年よりスタート。

問9　エジプト塩はどこでどのように作られているか100字以内で答えよ。

東京都品川区の西小山にある
フードアトリエ「S/S/A/W」にて、ローストから
ブレンド、瓶詰めまで全てスタッフの手作業で
行なっていますっっ　愛情たっぷりっっ

問10　エジプト塩のラベルの顔は誰？

たかはしよしこ（私）。
夫であり、デザイナーの前田景さんによる
デザイン。ラベルは活版印刷ですっっ

問11　エジプト塩はどこで購入できるか答えよ。

「S/S/A/W」の他….
国内約60店舗で購入できます。
取扱店舗リストはP176をチェック
して下さいね。

エジプト塩どう使う？

エジプト塩の基本がわかったら、実際に使ってみましょう。
まずはいつもの料理に最後にひとふり！から始めてみるのもいいかも。
塩気が安定しないのがエジプト塩のちょっとだけ難しいところ。
ナッツの分量が多いのでしょっぱすぎないのも特徴です。
使いながら癖をつかんで、楽しみながら使っていただけるとうれしいです！

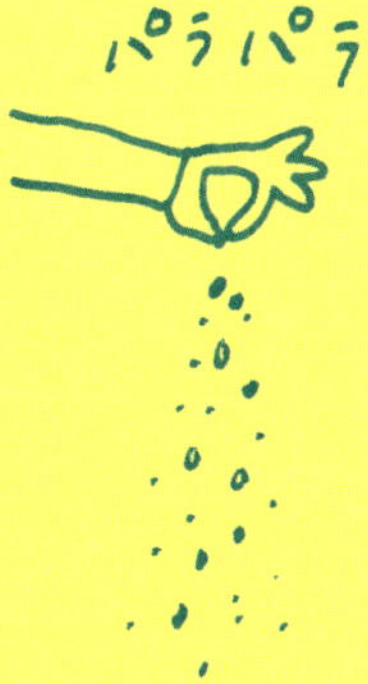

まずはいつものお料理にひとふり！

ひとふりするだけで、いつもの味がおいしく生まれ変わる！おにぎり、じゃがバター、アイスクリーム……かけるだけのおすすめ食材は、次ページで詳しくご紹介！たっぷりかけたい人は、食卓でかけながらいただく「追いエジオ」もおすすめですよ。

ごりごりとさらさらを使い分けよう！

ごりごり部分は塩気が少ないので仕上げの食感として使うのがおすすめ。さらさら部分は塩気がやや強いのでお料理の味つけに向いています。もちろん、ごりごりとさらさらを一緒にかける基本の使い方も。レシピコーナーで、たくさんの使い道、ご紹介します。

そのまま食べてもいい！

調味料として作ったエジプト塩ですが、そのまま食べちゃった～とよく言われます（笑）！　つい、つまんでしまう、手が止まらないおいしさなのです。

かけるだけで
おいしくなる！
おすすめ10品

1 おにぎり

エジプト塩ファンの中でも人気メニュー。1合につきエジプト塩大さじ1を基本に、炊いたごはんに混ぜてからにぎってみてください。カレーのライスにしても、エスニック感が増しておいしいですよ。

2 おもち

おもちを焼いて、バターをひとかけとエジプト塩を少しかけ、海苔で巻いてエジオ磯辺もちに。わが家の定番です！

3 半熟ゆで卵

半熟ゆで卵にエジプト塩だけで、ほかに何もつけなくてもおいしいです！ 多めに作ってポテトサラダに混ぜて、サンドイッチにするのもおすすめです。

4 たこ焼き

義理兄が営む関西風たこ焼き屋「えびすや」では、たこ焼き＋ポン酢＋エジプト塩で、通称「エジポンたこ焼き」が定番。もうソースに戻れないほど感激のおいしさです！

5 アボカド

アボカド＋エジプト塩＋オリーブ油に、レモンを搾るとさらにおいしい！

6 じゃがバター

ふかしたて、熱々じゃがいもに、バターとエジプト塩を。間違いのないおいしさです！

7 パン

オリーブ油にエジプト塩を入れて、パンを浸しながら食べるのがおすすめ。ピザのトッピングや毎朝の食パンにもぜひかけてみてください！

8 素揚げにんじん

にんじんをさっと素揚げして、甘みがぎゅっと増したところにエジプト塩をプラスすると、止まらないおいしさ。スタッフからも大人気の食べ方です！

9 アイスクリーム

アイスクリームは、バニラ、チョコレート、ソフトクリームなどが特におすすめ。カップを開けたらそのままエジプト塩のごりごり部分をかけながら食べてみてください！

10 チョコレート

エジプト塩は、カカオと好相性。エジプト塩のスパイシーさが、濃厚なチョコレートの味わいでさらに引き立ちます。コーヒーやワインのおともにぜひ！

エジプト塩食堂へ、ようこそ。

「エジプト塩食堂」は2013年に始まりました。東京都品川区のフードアトリエ「S/S/A/W」にて、週末限定で不定期にオープンしています。エジプト塩やオリジナルの調味料を使った、季節のおいしい野菜がもりもり食べられる週替わりのランチプレートが大人気。食べると身体も心も元気になる！そんな食堂を目指しています。

◎「S/S/A/W」と「エジプト塩食堂」の詳細は☞P178

宝来カレー

エジプト塩食堂では、エジプト塩はもちろん、その仲間たちもすべて勢揃い。
◎エジプト塩の仲間たちの紹介は☞P86

さあ、いよいよ
異国へトリップ、始めよう！

エジプト塩
魔法のレシピ

ひとふりで異国の味になる！食卓が、おいしく楽しくなる！
そんなエジプト塩料理を、ここからたっぷり紹介します。
驚くほど広がりのあるエジプト塩の世界を、
思いきり楽しんでみてください。

＜レシピの使い方＞

△ レシピの分量は、私がおいしいと思うおすすめを紹介しています。素材の個性やお好みによって、アレンジしながら作ってみてください。

△ エジプト塩はたっぷりがお好みの方は足したり、食卓でかけながらいただいてみてください。

△ エジプト塩の粒の大きい部分を「ごりごり」、小さい部分を「さらさら」と表記します。合わせて使うときには表記しませんが、ごりごり部分とさらさら部分、バランスよく入れてください。

△「上質のオリーブ油」は、火を通さないで使うので、素材のいいものをおすすめします。

△ 大さじ１は15cc、小さじ１は5ccです。

第1章

やさい

なんと言っても、エジプト塩はお野菜のために生まれた調味料。
生で、焼いて、蒸して、スープにしても！
エジプト塩が素材の味をぐんと引き立ててくれるから、
おいしいお野菜をたっぷり食べることができちゃいます。

24　エジオ冷やし酢トマト

にんじんココナッツラペ

エジオ冷やし酢トマト

最近のトマトは甘いものが多いですが、こんなふうにちょっと
酸味を足してあげるだけで、より複雑で新鮮な味わいに。
仕上げのエジプト塩で、トマトのおいしさをさらに引き立てて。

＜材料＞　4人分

トマト　2個
バルサミコ酢　大さじ1
エジプト塩　少々

＜作り方＞

1　トマトをくし形に切る。
2　お皿に並べてバルサミコ酢をかけ、エジプト塩を少々ふる。

△メモ△
お酢はフルーツ酢がおすすめ。わが家では「富士酢」さんのにごり林檎酢、無花果酢、梅くろす、紅芋酢などを使っています。

にんじんココナッツラペ

にんじんは一年中手に入る野菜の代表格。
季節の食材と合わせて作れるのがラペの楽しみです。
これは、お気に入りの夏のラペ。
寒い季節はマンゴーのかわりに柿やみかんで作ってみてくださいね。

＜材料＞　4人分

にんじん　2本(約300g)
塩　少々
玉ねぎ　1個
干しマンゴー(カットされたもの)　約10枚
ミント　適量

A
- オリーブ油　大さじ2
- ココナッツファイン　大さじ2弱
- レモン汁　1/2個分
- エジプト塩(ごりごり、さらさら)　各小さじ1

＜作り方＞

1 にんじんをピーラーで縦方向にスライスし、塩もみをして水気を絞る。玉ねぎはすりおろし、キッチンペーパーで軽く水気をきる。干しマンゴーを水につけて戻し、細切りにする。

2 1の野菜と、Aの調味料を合わせ、ミントを散らす。お好みで味を整えてできあがり。

△メモ△
ココナッツファインはココナッツを粗挽きにしたもの。製菓コーナーなどで手に入ります。ひと晩寝かせると、味が落ち着いてよりおいしくなりますよ。

ビーツのポタージュ

ルッコラとエジオのサラダ

ビーツのポタージュ

ビーツは、大地の力強さと深い甘みが詰まった大好きな野菜。
鉄分も豊富で体を温めてくれるから、女性にもおすすめです。
なにより、この愛らしいピンク色！ 心ときめく、とっておきの乙女なポタージュです。

＜材料＞　4人分

ビーツ　180g
玉ねぎ　1/2個強（約120g）
セロリ　1本（約100g）
じゃがいも　1個（約140g）
バター　大さじ1
水　500cc
ローリエ　1枚
牛乳　300cc
塩　小さじ1

［仕上げ用］
シュリカンド（ヨーグルトの水きり）　大さじ3ほど
上質のオリーブ油　少々
レモン汁　1/2個分
エジプト塩　少々

＜作り方＞

1 ビーツ、玉ねぎ、セロリ、じゃがいもはスライスにする。
2 鍋にバターを溶かし、玉ねぎ、セロリを加え、ふたをして中火弱で火を入れる。玉ねぎから汗をかいたように水分が出てしんなりしてきたら、混ぜながら10分ほど蒸らしながら炒める。このとき、焦がさないように注意する。水を大さじ2（分量外）程度ずつ足しながら炒めるとよい。
3 しんなりねっとりしてきたところに、ビーツとじゃがいもを入れて炒める。そこに水500ccとローリエを入れ、中火にして10分煮る。ビーツが柔らかくなったら火から下ろし、粗熱を取る。
4 3の鍋からローリエを抜き、牛乳と一緒にジューサーに入れて回してピュレ状にし、
5 塩を入れて味を整える。冷製なら冷蔵庫で冷やし、温かく食べるなら小鍋で食べる分だけ温める。器に盛りつけたら、シュリカンド小さじ1とオリーブ油少々を入れ、レモン汁をかける。仕上げにエジプト塩をぱらぱらとかけたらできあがり。

ルッコラとエジオのサラダ

ドレッシングを作る時間がなくても大丈夫！
思い立ったら手軽に作れる、最高においしいサラダです。

＜材料＞　4人分

ルッコラ　220g
上質のオリーブ油　大さじ2〜3
レモン汁　1/2個分
パルミジャーノレッジャーノチーズパウダー　大さじ2〜3
エジプト塩　小さじ1強

＜作り方＞

1 ルッコラはざく切りにしてよく洗い、サラダスピナー（水切り器）かペーパーで水気をしっかりきる。
2 ボウルに入れたらオリーブ油を全体にからませて、レモン汁を回しかける。
3 パルミジャーノレッジャーノチーズパウダーとエジプト塩を半量ずつ混ぜ合わせ、お皿にふんわりと盛りつける。仕上げに残りのパルミジャーノレッジャーノチーズパウダーとエジプト塩をふってできあがり。

△メモ△
チーズのかわりに海苔、オリーブ油のかわりにごま油を使えば、中華風の味わいに。これまたとってもおいしいんです！

きのこ on きのこ しいたけ丸ごとフライ

絶品！揚げごぼう

下ごしらえのひと手間がいちばんのポイント！
いったん冷凍することで、ごぼうの繊維が壊れて柔らかくなるんです。

＜材料＞　4人分

ごぼう　（中）4本
片栗粉　適量
スパイシーバルサミコしょうゆソース（作り方P174）　大さじ2
エジプト塩　小さじ1

＜作り方＞

1　蒸し器をセットし、蒸気が出てきたらよく洗ってごぼうを皮のまま入れて約25分蒸す。
2　熱いうちに、ごぼうを潰すように麺棒でたたく。約5cmの長さに切り、片栗粉をまぶす。ごぼうの繊維の中にまで片栗粉が入り込むように、べったりとつけていく。
3　片栗粉をまぶしたごぼうを保存袋に入れて冷凍する。重ならないように、平たく並べて入れるのがポイント。
4　凍ったままの状態で取り出し、180℃の油で揚げる。スパイシーバルサミコしょうゆソースとエジプト塩をからめてできあがり。

△メモ△
一気にたくさん作って冷凍しておけば、食べたいときに少量から揚げられて便利。お弁当にもぜひ。

きのこ on きのこ しいたけ丸ごとフライ

フライにすることで、さっくりふっくらジューシーに。
しいたけが苦手な人にもぜひトライしてほしい、新鮮な味わいです。

＜材料＞　4個分

しいたけ　(大)4個
薄力粉　適量
水　薄力粉と同量
パン粉　適量
きのこペースト(作り方P173)　適量
エジプト塩　適量
レモン汁　1/2個分

＜作り方＞

1 薄力粉と水を1対1で溶いたどろっとしたタネを作り、しいたけにしっかりとまぶす。
2 パン粉を全体にまんべんなくつける。
3 170℃の油で揚げる。徐々に温度を上げていくと、からっと仕上がる。
4 熱々のうちにきのこペーストをのせ、レモン汁をかけ、エジプト塩をふる。

△メモ△
タネはつけ過ぎ注意！まんべんなくまぶした後、余分などろどろ部分は落としてから揚げるのがうまく仕上げるコツです。

36　グリルなす バンバンジーソース

キャベツとキヌアのホットサラダ

グリルなす バンバンジーソース

なすとバンバンジーソースの組み合わせが大好き！
焼いて、かけるだけのシンプルな定番料理です。

＜材料＞　4人分

なす　3本
米油　大さじ2
エジプト塩（ごりごり）　小さじ1～2
バンバンジーソース（作り方P174）　大さじ2～3

＜作り方＞

1　なすはヘタを残して1cm幅の縦切りにし、グリルパンまたは網で直火焼きにする。実が柔らかくなり、しっかりと焦げ目がつくまで表裏を焼く。
2　お皿になすを並べて、バンバンジーソースとエジプト塩をかける。

△メモ△
なすは焦げた部分も味わいのうち。思い切って、こんがりと仕上げてくださいね。

キャベツとキヌアのホットサラダ

大好物のキャベツとアンチョビのパスタを、
パスタのかわりにキヌアでアレンジしたわが家の定番。
アンチョビのうまみをエジプト塩が引き立てて、エキゾチックな味わいに。

＜材料＞　4人分

キヌア　50g
水　50cc
キャベツ　(中)1/2個(約500g)
にんにく　1かけ
オリーブ油　大さじ3
アンチョビ　40g
ケッパー　大さじ2
エジプト塩(ごりごり+さらさら)　各小さじ1

＜作り方＞

1 キヌアは洗って分量の水と一緒に鍋に入れて火にかけ、沸騰したらふたをしてごく弱火で10分ゆでる。火を止めて5分蒸らし、混ぜておく。
2 キャベツはざく切り、にんにくはみじん切りにする。
3 フライパンににんにくとオリーブ油を入れ、にんにくがきつね色になったら、アンチョビを入れて混ぜてからキャベツを加えて炒める。水大さじ3（分量外）を入れてふたをし、しんなりしてきたらケッパー、1のキヌア、エジプト塩を入れ、味を整えてできあがり。

よしコラム①

生産者さん

私がもっとも尊敬する人がいます。
それは「生産者」さん。
おいしいお野菜や果物を作れる人。おいしい牛乳やチーズを作れる人。おいしい調味料を作れる人。おいしいビールやワインを作れる人。
素材との出会いからお料理のインスピレーションが始まります。人間の力ではどうにもコントロールできない自然とつねに向き合いながら、手をかけ愛情をかけ、育て上げていく作業は、なんとも子育てのよう。いろいろなことが途中で起こりながらも、最終的においしく仕上げる技は職人を超えてアーティストだと思っています。作っている「素材」そのものを心から愛し、理解し、いかに伸ばしてあげるか。
そんなアーティストのような「生産者」さんが作ったものを口にすると今までの固定概念が覆されるような衝撃が走ります。
「おおお、おいしい！　どう調理したらもっとおいしく食べられるだろう？　この素材には何が最高に合うのだろう？」
そんな思いが頭の中を駆け巡ります。おいしいお料理が誕生するのは、そんなときなのかもしれません。これからも素晴らしい素材を作ってくれる生産者さんを心から応援したい気持ちです。

丸ごとバターナッツの塩プリン

丸ごとバターナッツの塩プリン

ねっとり感が魅力のバターナッツかぼちゃで作る、甘じょっぱいプリン。
見た目が最高にかわいいから、パーティーなどでも盛り上がること間違いなし！

＜材料＞　4人分

バターナッツかぼちゃ　1個（約500g）
卵　3個
生クリーム　50cc
パルミジャーノレッジャーノチーズ　25g
塩　大さじ1/2

A［太白ごま油　大さじ2
　 おかしスパイス*　小さじ1

［仕上げ用］
エジプト塩（ごりごり）　小さじ2

＜作り方＞

1　バターナッツかぼちゃの皮部分を器にするため、縦に切る。種を取った後、断面を上にして、170℃に予熱したオーブンで25分焼く。焼き上がったら中身をくりぬいてマッシュし、ピュレ状にする。このとき、かぼちゃの皮を傷つけないように少し身を残しつつくりぬくとよい。

2　卵、生クリーム、1のピュレ、パルミジャーノレッジャーノチーズ、塩を合わせて、ジューサーで全体が混ざる程度に回す。

3　2をバターナッツかぼちゃの皮に流し入れ、横に倒れないように安定させて160℃に予熱したオーブンで約30分焼く。目安は竹串を刺して生地がつかなければOK。

4　Aをフライパンでほのかに香りがたつくらいに温め、スパイスオイルを作る。3にスパイスオイルとエジプト塩をかけてできあがり。

＊おかしスパイスの作り方
材料（シナモン小さじ1/4、ジンジャーパウダー小さじ1/4、クローブパウダー小さじ1/8、ナツメグパウダー小さじ1/8、ホワイトペッパー小さじ1/8）を、混ぜ合わせてできあがり。パウンドケーキやクッキーに入れたり、ポタージュスープの仕上げにかけたりと、多めに作ってストックしておけば便利です。

エジオねっとり焼きいも

ポイントは、低温でじっくりとローストすること。
でんぷん質が糖質に変化するので、驚くほど甘くなるんです！
鳴門金時の生産者の方に教えてもらった、とっておきの焼き方です。

＜材料＞　お好みの量

さつまいも　お好みの量
ココナッツ油　適量
エジプト塩　適量

＜作り方＞

1　さつまいもを洗う。水気がついたままアルミホイルでくるみ、160℃に予熱したオーブンで焼く。普通のサイズ（200～250g）は1時間、太くて大きいものなら1時間半が目安。

2　焼きたてをぱかっと手で割って、ココナッツ油とエジプト塩を適量かけていただく。

△メモ△
さつまいもは安納いもや鳴門金時がおすすめ。ココナッツ油のかわりにバターをのせてももちろんおいしいです。

季節の彩り野菜丸かじりプレート

野菜の丸かじりを様々な調理法で。
そのときどきで、旬のおいしそうな野菜で作ります。
見た目にもつやっぽくてみずみずしい、新鮮な野菜を選びましょう。
焼いたらおいしそう！とか、生でいただくのがいちばんおいしそうだな！など、
自分で感じたままに調理することが、最高の一皿を作る近道。
野菜は季節によって、大きさや水分量や柔らかさが違うので、
レシピは参考程度に、手にしたお野菜と対話をするような気分で
ベストな火加減や加熱する時間、切り方を探ってみてください。
まずは洗ったら、スライスしてひと口食べてみること！
さわやかな青みや、甘みや苦みをダイレクトに感じながら、
とれたてのお野菜の幸せな水分を口いっぱいに味わいましょう。
おいしさが身体に染み渡り、五臓六腑の喜ぶ声が聴こえてくるはず！

＜材料＞　お好みの量

季節の野菜を、10~15種類ほど。
それぞれの野菜に合った調理法で仕上げ、エジプト塩とオリーブ油をかけていただく。

◎生野菜

かぶ、トマト、きゅうり、ゴーヤ、セロリ、みずみずしい大根、ラディッシュなど。

◎グリル野菜

れんこん、なす、ピーマン、長ねぎ、ズッキーニなど

＜作り方＞

1　グリルパンをしっかりと熱々に温めておく。野菜は火が入りやすいようにカットし、オリーブ油を野菜の表面に、薄くまんべんなくこすりつけて塗る。

2　グリルパンで片面ずつじっくり焼く。あまり何度も裏返さないように気をつけながら、こんがり焼き目が付き、中まで火が入っているけれど食感が残る程度に火を入れる。

◎ロースト野菜

れんこん、かぼちゃ、玉ねぎ、カリフラワー、キャベツ、白菜、じゃがいも、にんじんなど。

＜作り方＞

1 オーブンは180℃に予熱する。野菜はひと口大に食べやすくカットし、ボウルに入れる。ボウルにオリーブ油をたらし、全体に油が馴染むように両手で混ぜる。お好みのおいしい塩をぱらぱらとふり、うっすら下味をつけておくといい。

2 オーブン皿にオーブンシートを敷いて、間隔をあけて野菜を並べる。
じゃがいも、にんじん、かぼちゃ、れんこんは170℃で約20分、カリフラワーは180℃で約15分、白菜、キャベツは1/4に、玉ねぎは1/2にカットして170℃で約30～40分焼く。

◎揚げ野菜

れんこん、ごぼう、にんじん、ビーツ、じゃがいも、かぼちゃ、百合根など。

＜作り方＞

揚げ油を約170℃に熱する。少し低めの温度から野菜を投入して、じわじわと火入れする。

◎ゆで野菜

芽キャベツ、青菜、いんげん、スナップえんどうなど。

＜作り方＞

グリーン野菜は沸騰したお湯でそのままさっと塩ゆでにする。氷水で急冷すると色がきれいに保てる。食べやすい大きさにカットしてできあがり。

◎蒸し野菜

かぶ、さといも、じゃがいも、大根、長ねぎ、ごぼう、ひと晩水に浸した豆など

＜作り方＞

蒸し器をセットし、沸騰したら野菜を入れて約20分蒸す。竹串がすっと刺せるようになったらできあがり。

料理と酒

　大人になってからの最大のお楽しみと言えば私の場合、お酒です。

　おいしいお酒があると、それだけで気持ちよくリラックスできて、食事の味わいもぐっと変化します。「料理と酒」は切っても切れない関係性だと思います。

　「熟成」という言葉がありますが、まさに発酵食品やお酒作りのときに使われる言葉ですよね。例えば10年前に作られたおいしいワインが食卓にあったとします。その味わいは作り立てのフレッシュさとは別物の熟れた味わいでその10年間にそっと思いを馳せることができます。きっと10年っていろいろなことがありますよね。

　ワインだって同じです。寒い年、暑い年、様々な気候条件を無事に生き延び、適度に熟成されてここにいる。そんなワインに出会えたなら食事だって特別なひと皿を用意したくなりますよね。

　お料理とお酒の相性を考える時間はまさに至福の時間です。意外に合ったり、合わなかったり。うれしい発見があります。

　お酒がもつうまみや酸味や甘みや苦み、そこに料理をどう寄り添わすか。

　その逆もしかりですが、永遠の問いでわくわくと楽しいものなのです。

第2章

おつまみ

エジプト塩は、お酒との相性も抜群です。
ビールがすすむ揚げ物も、ワインや日本酒と合わせたい小皿料理も。
思わず何度も手が伸びてしまう、くせになる一品をめしあがれ。

エジオセビーチェ

エジオポテチ

市販のものもいいけれど、揚げたての手作りポテトチップスのおいしさは格別！
じゃがいも5個でパーティーの主役になれちゃう、魔法みたいなおやつです。

＜材料＞　じゃがいも5個分

じゃがいも　5個
エジプト塩　少々
揚げ油　適量

＜作り方＞

1　じゃがいもはよく洗い、皮付きのままスライサーでスライスし、ボウルに入れる。じゃがいも全体がかぶるくらいの水を入れて、さっと洗ってでんぷん質を流す。

2　ざるでしっかり水気をきったら、キッチンペーパーの上にスライスしたじゃがいもを並べ、その上にキッチンペーパーを敷いてさらにじゃがいもを並べ……と重ねていき、水気をしっかりきる。

3　150℃くらいの低めの温度の油にじゃがいもを入れ、徐々に温度を上げてからっと揚げる。焦がさないように注意。揚げたてにエジプト塩をまぶしてできあがり。

△メモ△
いろんな種類のいもを使うと、見た目も華やかで楽しい！カラフルなじゃがいもは、福岡県糸島市「野菜やトラキ」さんのものが美しくておすすめです。最新の販売情報はトラキさんのインスタグラム（@toraki.2014）に。

エジオセビーチェ

セビーチェは、魚介類をマリネしたメキシコ料理。
アメリカ滞在中に友人が作ってくれて感動したお料理を、
記憶をもとに再現したレシピです。
タバスコは友人が教えてくれた「CHOLULA」のものがおすすめです！

＜材料＞　4人分

鯛の刺身　さく（ブロック状のもの）1/4本分（80g）
アボカド　1個
プチトマト　19個
香菜　1束（20g）
赤玉ねぎ　1/2個
オリーブ油　大さじ2強
ライム汁　2個分

A
- タバスコ　小さじ1
- 一味唐辛子　少々
- 粗挽き黒こしょう　少々
- エジプト塩　大さじ1弱

［仕上げ用］
エジプト塩（ごりごり）　大さじ1
［お好みで］
ナチョスチップス、トルティーヤ　各適量

＜作り方＞

1　鯛の刺身は5mm程度に細かくカットする。アボカドはサイコロ切り、プチトマトは1/4にカット、香菜の茎はみじん切り、葉はざく切りに。赤玉ねぎはみじん切りにし、水に浸して辛みを取ったら水気を絞っておく。

2　1をすべてボウルで合わせたらオリーブ油を絡ませる。ライム汁を入れたら、Aの調味料を合わせる。器に盛り、エジプト塩のごりごり部分をかけてできあがり。ナチョスチップスにつけたり、トルティーヤで巻いたりしていただく。

58　エジオ冷ややっこ

エジおからサラダ

エジオ冷ややっこ

豆腐とエジプト塩は相性抜群！なかでも冷ややっこは超定番の一品。
シンプルなのにびっくりするほどおいしい、食卓の名脇役です。

＜材料＞　1人分

絹または木綿豆腐　1/2丁
エジプト塩　小さじ1強
ごま油または上質のオリーブ油　大さじ2

＜作り方＞

1　豆腐は水気を軽くきり、お皿に盛りつけてごま油かオリーブ油をかける。仕上げにエジプト塩をかけたらできあがり。

エジおからサラダ

ワンパターンになりがちなおからも、エジオの魔法で新鮮な味わいに。
おからと切り干し大根とルッコラの、食感の違いも楽しんでくださいね。

＜材料＞　4人分

おから　120g
切り干し大根　15g

A
- 梅酢　大さじ1
- 水　100cc

ルッコラ　10本
（春菊、クレソン、大葉でも代用可）

B
- かつお昆布だし　大さじ3
- 白ごま　大さじ1
- ごま油　大さじ2
- ナンプラー　小さじ2
- きび砂糖　小さじ2
- エジプト塩　小さじ1/2
- にんにく（すりおろし）　ほんの少々
- しょうゆ　大さじ2

＜作り方＞

1. おからはさらしで包み、あつあつの蒸し器に入れて、15分蒸す。
2. 切り干し大根はAの梅酢と水につけて戻しておく。柔らかくなったら、軽く絞ってざく切りにする。ルッコラは洗って水気を拭き、ざく切りに。
3. ボウルにおから、切り干し大根、Bを入れて混ぜ合わせる。よく混ざったら、最後にルッコラも混ぜてできあがり。

△メモ△
切り干し大根を梅酢で戻す技は、愛知県新城市の星農園さんに教わりました。星さんの手作り切り干し大根は絶品です。

いちじくとさつまいものピラミッドサモサ

いちじくとさつまいものピラミッドサモサ

いろんなスパイスがたっぷり入った、インドの香り漂う一品。
春巻きの皮を使う気軽さも魅力です。
ワインにも合うので、パーティーのお持たせにも。

＜材料＞　4人分

さつまいも　1本（約300g）
干しいちじく　2個（約60g）
ピーカンナッツ　30g
玉ねぎ　1/2個（約100g）
米油　大さじ1
バルサミコ酢　大さじ2
きび砂糖　大さじ2
豆乳　大さじ2

A［クミンパウダー　小さじ1/8
　シナモンパウダー　小さじ1/8
　エジプト塩　小さじ2

春巻きの皮　10枚
揚げ油　適量

＜作り方＞

1　さつまいもは「ねっとり焼きいも」（P43）の焼き方でオーブンで低温ローストする。干しいちじくは1/8にカットする。ピーカンナッツは170℃のオーブンで7分ローストする。玉ねぎは薄くスライスしてフライパンで米油と炒め、しんなりしたらバルサミコ酢ときび砂糖を加え、ねっとりと炒めておく。
2　低温ローストしたさつまいもは皮ごとマッシュにする。Aのスパイス類、カットした干しいちじく、ローストしたピーカンナッツ、炒めた玉ねぎ、豆乳を合わせて混ぜる。
3　春巻きの皮を半分にカットして、具を入れて、三角形に包む。薄力粉を水で溶いたタネをのりがわりにして、しっかりととじること。
4　180℃の油できつね色になるまで揚げたらできあがり。

サ・バ・タ・ブ・レ

タブレとは、フランス語でハーブがたくさん入ったクスクスのサラダのこと。
クスクスというと煮汁を吸わせていただくイメージが強いですが、
タブレにすると一気におかずっぽい華やかな雰囲気に！

＜材料＞　4人分

クスクス　100g
オリーブ油　大さじ1
きゅうり　1本
セロリ　1本
パセリの葉　10g
ミントの葉　10g
さば　1/2尾
薄力粉　適量
米油　大さじ2

A
オリーブ油　大さじ3
にんにくのすりおろし　1/4かけ分
エジプト塩　大さじ1
ガラムマサラ　小さじ1/2
レモン汁　1/2個分
スパイス豆乳マヨネーズ（作り方P175）　大さじ1

＜作り方＞

1　クスクスをボウルに入れ、塩・こしょう（分量外）少々、オリーブ油を入れて、オリーブ油をクスクスにすり混ぜておく。熱湯（分量外）100ccを入れてラップでふたをし、10分蒸らす。
2　きゅうり、セロリは小さめの角切り、パセリ、ミントの葉はみじん切りにする。
3　さばは骨をしっかり抜いてからひと口大にカットする。塩・こしょう（分量外）少々をして薄力粉をまぶしたら、米油を入れたフライパンで両面を焼き付ける。
4　1のクスクスをほぐし、2、3、Aの材料をすべて入れ、味を整えてできあがり。

△メモ△
ハーブはたくさん入れれば入れるほどおいしい！お魚は、鯛、さわら、鱸、さんま、いか、エビなど、季節のもので代用可能です。

66　じゃがエジオチーズ春巻き

じゃがエジオチーズ春巻き

エジプト塩をこよなく愛する姉が考えてくれたメニュー。
簡単なのにとてもおいしい、スナック感覚の一品です。
からっと揚げたら、熱々のうちにほおばって！

＜材料＞　6個

じゃがいも　2個（300g）
米油　大さじ1
エジプト塩　大さじ1

春巻きの皮　6枚
シュレッドチーズ　65g
薄力粉、水　各少々
揚げ油　適量

＜作り方＞

1　フライパンに米油をひき、細切りにしたじゃがいもを炒める。エジプト塩をまぶして冷ましておく。

2　春巻きの皮を広げて1のじゃがいもを適量ずつ入れ、シュレッドチーズをまんべんなくかけたら、皮を巻く。薄力粉と水を1対1で溶かし、のりがわりにしてしっかりとじる。

3　180℃の油で揚げたらできあがり。

△メモ△
冷めてもおいしいので、お弁当のおかずにもおすすめ。

エジオゼッポリーニ

ゼッポリーニはナポリの名物料理。難しく考えず、
ただがーっと混ぜるだけでできちゃうのがうれしい。
子どもにも大人気のメニューです。

＜材料＞　4人分

A
- 強力粉　100g
- 薄力粉　100g
- 水　170g
- 生海苔　20g
- エジプト塩　3g
- ドライイースト　1g

揚げ油　適量

［仕上げ用］
エジプト塩　適量

＜作り方＞

1　Aの材料すべてを大きめのボウルに入れて混ぜ、2倍にふくれるまで30分から40分置いておく。

2　170℃の油にスプーンでひと口大ずつ生地をすくいながら落とし、からっと軽く、きつね色になるまで揚げる。仕上げにもエジプト塩をかけてできあがり。

△メモ△
生海苔がなければ乾燥青海苔でも作れますが、やっぱり生海苔のおいしさは格別です。生海苔は、旬の春先にまとめて買って、冷凍保存しておけば一年じゅう使えて便利ですよ。

70　ひよこ豆のエジオフムス

かぼちゃのガレット シュリカンドとエジプト塩かけ

ひよこ豆のエジオフムス

**ひよこ豆をペーストにしたフムスは、中東の定番料理。
パンにつけたり、ピタパンの具にしたり、焼き野菜につけたり、
いろいろな食べ方を楽しんで。**

＜材料＞　4人分

ひよこ豆　100g

A
- 玉ねぎ　1/4個
- にんじん　1/4個
- セロリ　1/3本
- パセリの茎　2本
- にんにく　2かけ
- ローリエ　1枚
- 塩　小さじ1/2

B
- ヨーグルト　70g
- オリーブ油　大さじ2
- 白ごまペースト　大さじ2
- レモン汁　1/2個分
- エジプト塩　小さじ1
- ガラムマサラ　小さじ1/5
- にんにくのすりおろし　(小)1かけ分

[仕上げ用]
上質のオリーブ油　大さじ2
パプリカパウダー　少々
エジプト塩(ごりごり)　小さじ1

＜作り方＞

1　ひよこ豆は、600ccの水に8時間以上、もしくはひと晩つける。水分ごと小鍋に移し、皮をむかず塊のままAの香味野菜も入れてしっかり柔らかくなるまで30分ほどゆでる。途中で水気が足りなくなったら足し、つねにひたひたをキープすること。

2　柔らかくなったひよこ豆を取り出して冷まし、軽く水気をきってフードプロセッサーに入れ、Bの材料をすべて入れる。ペースト状になったらお皿に盛り、仕上げにたっぷりのオリーブ油とパプリカパウダー、エジプト塩のごりごり部分をかけてできあがり。

かぼちゃのガレット
シュリカンドとエジプト塩かけ

ガレットといえばじゃがいもが定番だけど、
かぼちゃで作るとほんのり甘くて絶品！
仕上げにのせるシュリカンドのさわやかな酸味が最高のアクセントに。

＜材料＞　4人分

かぼちゃ　1/4個（200g）
薄力粉　50g
水　50cc
エジプト塩　小さじ1/4
オリーブ油　大さじ2

［ 仕上げ用 ］
シュリカンド（水きりヨーグルト）　大さじ2
エジプト塩　小さじ1～2

＜作り方＞

1　かぼちゃは細切りにし、ボウルで薄力粉を全体にまぶしたら水、エジプト塩を入れ、全体を混ぜ合わせる。
2　フライパンにオリーブ油をひき、1を平たく丸く流し入れ、弱火で両面をじっくり焼く。
3　焼けたら放射状にカットして、シュリカンドとエジプト塩をのせてできあがり。

エジオカプレーゼ

とうもろこし塩プリンとおひげかき揚げ

エジオカプレーゼ

切って並べてエジプト塩をかけるだけなのに、
とっても豪華に仕上がるのがカプレーゼのすごいところ。
華やかなのでパーティーにもぴったり。お料理が苦手な方にもおすすめです！

＜材料＞　4人分

トマト　2個
アボカド　1個
モッツァレラチーズ　2個(200g)
なす　2本
きゅうり　2本
バジルの葉　適量
ディルの葉　適量
米油　大さじ3

[仕上げ用]
上質のオリーブ油　大さじ3～4
エジプト塩　大さじ2ほど
粗挽き黒こしょう　少々
レモンの皮(すりおろし)　1/2個分

＜作り方＞

1 トマト、アボカド、モッツァレラチーズ、なすは1cm弱のスライスにする。きゅうりは皮むき器で縦にスライスする。なすだけフライパンで多めの米油（分量外）をひき、焼き付けて冷ましておく。
2 1の野菜を1種類ずつ重ねながら大皿に並べていく。バジル、ディルもちぎって盛りつける。
3 オリーブ油を全体にかけて、エジプト塩、粗挽き黒こしょうをかける。仕上げにレモンの皮をすりおろしてかければできあがり。

とうもろこし塩プリンとおひげかき揚げ

精進料理のごま豆腐からインスピレーションを得て作った、お客さまからも大人気の一品です。とうもろこしのおひげ部分は捨てちゃう方も多いけれど、甘くておいしくて、私は大好き！ ぜひ、素材丸ごとお料理してみてくださいね。

＜材料＞ 4人分

とうもろこし　1+1/2本分
昆布とかつおのだし　300cc
葛粉　35g
塩　小さじ1/2

[仕上げ用]
上質のオリーブ油　少々
ミントの葉　少々
エジプト塩　少々

[おひげかき揚げ]
とうもろこしのひげ　2本分
とうもろこしの粒　1/2本分
枝豆の実　40g
薄力粉　大さじ2強
水　大さじ1ほど
塩　少々
揚げ油　適量

＜作り方＞

1 蒸し器をセットし、蒸気が出てきたらとうもろこしを入れて15分蒸す。粗熱が取れたら包丁で身をこそげ取る。
2 冷ました昆布とかつおのだしに葛粉を入れ、溶かす。
3 2と1のとうもろこし、塩をジューサーに入れて回す。
4 小鍋に3を入れて中火にかけ、木べらでよくかき回しながら火を入れていく。さらさらした水分がねっとりとしてきたら、弱火にしてさらによく練る。
5 6分ほど練ったら、水気をつけたプリン型か流し缶に流し入れ、氷水で冷やす。
6 かき揚げ用のとうもろこしのひげを2cmほどのざく切りにする。
7 6をボウルに入れ、とうもろこしの粒、枝豆、薄力粉を加えて和える。全体に薄力粉をまぶしたら、水を回しかけてさい箸で生地がまとまるように混ぜていく。水は全体をまとめるのりがわりなので、入れ過ぎに注意すること。
8 160℃の油で、小さな円に形作った生地を揚げていく。最後は少しだけ火を強くして、焦がさないようにカラリと揚げる。おひげは焦げやすいので注意。
9 プリンとかき揚げを器に盛り、オリーブ油、ミントの葉、エジプト塩をかけて仕上げる。

よしコラム③

とにかく器がすき

お料理にもストーリーがあるように器にもストーリーがあるなとつくづく思います。好きな作家さんの器ならなおさら、手に入れたときのことをよく覚えているものです。

悩んだ末に買って帰り、結局買ったことを後悔するなんてほとんどないものです。私の場合、後悔どころか本当に買ってよかった〜のほうが多いです！　旅先で偶然出会ったもの、個展開催中の作家さんから直接買ったもの、親や祖母から受け継いだものなどシュチュエーションは様々。

お料理が盛りつけられてこそ生き生きとする器。食器棚のなかで出番なく息苦しく置かれたお気に入りのお皿をたまには引っ張りだして、愛でてあげてくださいな。こんなお料理を盛りつけたいな〜という、新しいお料理を作って盛りつけてみるとあらびっくり！　新しい魅力を引き出せるかもです。

この器にどんなお料理を盛りつけたら綺麗かな〜とまずはイメージしてみる。

そのイメージこそが食事の時間を楽しむ上で、いちばん大切なことなんじゃないかなと思っています。器ひとつから会話が広がるものです。そしてその日からまた新たなストーリーが始まる。

別丁

エジプト塩

MAGAZINE

独占スクープ！

「エジプトには行ったことない」

たかはしよしこ激白

エジプト塩誕生秘話

潜入！エ塩工場の

しょっぱ〜い!?舞台裏

エジプト塩が目に沁みる…

エ塩工場スタッフが語る

スパイシーな思い出

エジプト塩と楽しみたい！

日本全国厳選お取り寄せ

EGYPTIAN SALT MAGAZINE SPECIAL ISSUE

エジプトには
行ったことないけど
できちゃいました。

**いろんな人とのご縁と、たくさんの偶然が重なって、
エジプト塩は生まれました。その誕生秘話と、みんなに愛される
調味料になるまでの歩みを、たかはしよしこが語ります。**

初めは、ケータリング用のオリジナル調味料

とにかく野菜が大好きな私。野菜を食べるのも、野菜料理を考えるのも楽しくてたまりません。ところがあるとき、「野菜は好きだけど、料理がワンパターンになってしまう」「意外と時間がかかって面倒くさい」という声が聞こえてきました。うーん。もっと簡単に、おいしい野菜をもっとおいしく食べられる方法はないだろうか？

そんな思いから生まれたのが「エジプト塩」でした。

2008年、試作に試作を重ねて、ようやく初代エジプト塩が完成。当初の材料は、天然塩、アーモンド、白ごま、クミンの4種類。ひとふりでエキゾチックな風味が加わり、素材本来の魅力がぐっと引き立つおいしさに、作った私自身も大感動！　当時、ケータリングで毎回作っていたのが本誌でもご紹介（P46）している「季節の彩り野菜丸かじりプレート」。いろんな塩やオイル、ディップを添えてお出しするなか、エジプト塩もそのひとつとしてデビューを飾りました。現場では、予想以上に大好評！「このお塩、おいしい！」「販売はしてないの？」と、たくさんうれしい声をかけていただきました。

ちなみに「エジプト塩」というネーミング、「エジプトとどんな関係が？」とよく聞かれるのですが、エジプトで実際に食べられているわけではなくて、あくまで「エジプト風」という意味。エジプト旅行から帰ってきた姉のお土産話がとても面白くて、そのとき脳内に広がったエジプトのイメージがインスピレーション源となりました。コンセプトは、「ひとくち食べたら、エジプトにトリップできる味」。とはいえ、私はエジプトに行ったことがないので、あくまでイメージ。随分あとになって、ごまもクミンもエジプト原産だと知って驚いたくらいです（笑）。

『マーマーマガジン』と「もみじ市」で日本中へ

2010年、友人の服部みれいさんが編集長をつとめる雑誌『マーマーマガジン』にエジプト塩の作り方とおすすめレシピを掲載したところ、「本当においしかった！」「もっとレシピを知りたい！」と大きな反響を呼び、２号連続で特集を組んでいただくという異例の事態に。全国の方々に興味を持っていただいたきっかけになりましたし、野菜をおいしく食べたいと思っている方がたくさんいるんだなぁ、と改めて実感したできごとでした。

2011年にはさらにピスタチオとコリアンダーを加えて味をバージョンアップし、今のエジプト塩が完成。商品として初めて発売したのが、手紙社主催の「もみじ市」というマーケットイベントでした。当初は会場のみの限定販売の予定でしたが、２日間のうち1日が雨で中止になってしまい、300個の瓶詰が売れ残ってしまう事態に。在庫を抱えて困り果て、いくつかのお店に頼んで販売をして

●有機的な料理の特別企画

たかはしよしこさん考案
奇跡の調味料

エジプト塩大研究

料理＝たかはしよしこ
写真＝松岡一哲

前号初登場の「エジプト塩」が編集部周辺ですごいブームに。4つの味を混ぜただけなのに、なぜか癖になるおいしさなのです。異例の2号連続登場のわけは……つくってみたら絶対わかるッ！

〈エジプト塩つくりかた・ふたたび〉ローストしたアーモンド（ホールまたはスライス）50g、炒りごま（白）大さじ3、クミンシード大さじ1.5、塩大さじ2。この4つの材料をフライパンで香りが立つくらい炒ってから、すり鉢ですり、細かくなったら完成。フードプロセッサーを使ってもOK。

『マーマーマガジン』第10号にて4ページにわたりエジプト塩を特集！かんたんエジプト塩の作り方からレシピまで紹介しました。

もらったところ、ありがたいことに大評判に。その後も口コミでじわじわと広がり、雑誌やテレビで取り上げてもらう機会も増え、今では1日に1000個以上売れることもある人気者に育ってくれました。いろんな方とのご縁でさまざまなコラボレーション商品が生まれたのも予想外のうれしい展開。モロッコ胡椒やアルル塩など、エジプト塩の仲間ともいえる新作調味料も年に１種類ペースで開発を続け、それぞれ好評いただいています。もしあのとき雨が降っていなければ……と思うと、不思議な運命を感じます。

あのとき雨が降らなければ…不思議な運命を感じます。

まだまだ広がる、
エジプト塩の楽しい輪

販売数が増えた今でも、生産から梱包、卸先への発送まで、すべて自分たちの手で行っています。東京の品川区西小山にあるアトリエでは、エジプト塩を使ったプレートランチが楽しめる「エジプト塩食堂」を不定期で営業中。テーブルにエジプト塩を常備し、“エジオかけ放題”にしているのも人気です。毎回がらりと変わるメニューを楽しみに、わざわざ県外から通ってくださる方も多く、私もお店で楽しく料理の腕をふるっています。

ときどき、「どうしてエジプト塩がこんなにも受け入れてもらえたのだろう？」と考えることがあります。それはきっと、誰だって「おいしいものを食べたい！」というシンプルな思いがあるからかもしれません。仕事や子育て、家事などに追われて毎日忙しく働いていると、お料理をする時間も限られてしまう。けれど、野菜でもごはんでも豆腐でも、エジプト塩をひとふりすれば、食卓に花が咲いたようにぱっと新しいおいしさが加わります。エジプト塩は、素材の味を変えてしまうのではなく、素材の魅力をさらにおいしく引き立てるためのもの。だから素材も生き生きと輝くし、生産者もきっと喜んでくれるはず。私のモットーは「生産者と食べる人との架け橋になること」。エジプト塩がそれをかなえてくれたんです。

たくさんの方に愛されて、私に新しい景色を見せてくれたエジプト塩。お客さまから情熱的なファンレターをいただいたり、思ってもみなかった食べ方を教えていただくたびにしあわせな気持ちになりますし、まだまだ広がるエジプト塩の可能性を感じています。ちなみに私は、今もまだエジプトへ行ったことはありません（笑）。いつか現地の方にエジプト塩を食べてもらって、率直な感想を聞いてみたい！　エジプト塩工場のスタッフたちと一緒にエジプトに研修旅行に行くのが夢です！

いつかは行きたい、エジプトに。

エジプト塩のおいしいコラボ

1

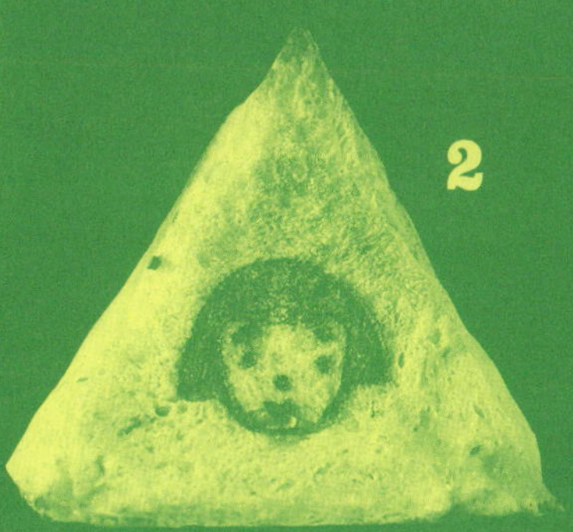
2

1　エジプト塩グラノーラ

福岡市のグラノーラ専門店「FRUCTUS」とのコラボレーションでできたエジプト塩味のグラノーラ。カリッゴリッの中から、塩気と甘みが交互に訪れて止まらないおいしさになりました。アイスクリームやヨーグルトにかけたり、お野菜のポタージュの仕上げにかけるのもおすすめ。

2　エジオパン

北海道の洞爺湖の湖畔にある、天然酵母のパン屋「ラムヤート」の遊び心で誕生したピラミッド型パン。世界中で、この形、この味で石釜パンを焼いている人なんていないのでは!?　タカラ牧場のチーズと洞爺芋、エジプト塩がガリッと溶け合うこのパンの口溶けは唯一無二の味。焼きたてをほおばったときの味わいはまさに感動の体験でした！

3　エ塩チョコ

ショコラティエの寺田裕亮さんとコラボレーション。エジプト塩がぎっしりのった、ワインやウイスキーのおともになる大人向けの板チョコです。

4　クレオパトラ塩

東京国立博物館で開催した「クレオパトラとエジプトの王妃展」とのコラボレーション商品として、会場にて限定販売。クレオパトラと聞いて思いついたのが、大好きなスパイス、サフランを使いたいということ。クレオパトラはサフランが大好きでサフランのお風呂にも入っていたとか(笑)。スパイス界の女王サフランやニゲラ、パンテレリア島のケッパーやグリーンレーズンが混ざって華やかな仕上がりに！

5　「HIGASHIYA」10周年和菓子

和菓子屋「HIGASHIYA」10周年企画で共同開発した、期間限定商品。6種類のお野菜を使ったひと口和菓子のうちひとつが、ひよこ豆×エジプト塩の和菓子です。繊細な和菓子の製造開発の現場から、パッケージまで関わることができて貴重な経験でした。エジプト塩が和菓子に昇華されたことが、本当にびっくり！

3

4

5

エジプト塩とゆかいな仲間たち大集合！

エジプト塩の誕生から少しずつ仲間を増やしてきた、
たかはしよしこのオリジナル調味料。
食卓をおいしくしてくれる個性派ぞろいの６商品、
お好みの味を探してみて！

エジプト塩　2011年～

70g　1000円（瓶詰）／70g　950円（袋詰）

ご存じ、エジプト塩。2008年頃にケータリング用の調味料として作っていた初代エジプト塩から改良を加え、正式に販売を始めたのが2011年でした。このときに誕生したロゴマークとパッケージが、今も変わらずエジプト塩と仲間たちの顔になっています！瓶詰のほか、詰め替え用に袋詰も販売しています。

モロッコ胡椒　2013年～

45g　1000円

モロッコをイメージした、エキゾチックでピリ辛な味わいが楽しめる調味料。原料に胡椒は入っていないのに「モロッコ胡椒」と名付けたのは、柚子胡椒のように使ってほしかったから。焼き餃子、水餃子につけると最高！他にも、お鍋やおでんの薬味に、焼いたさつま揚げや厚揚げ、焼き野菜にもおいしいです。

アルル塩　2014年～

80g　1000円

アパレルブランド「ADIEU TRISTESSE」とのコラボレーションで誕生。南フランスの街「アルル」に思いを馳せて完成したおしゃれなハーブソルトです。自家製のセミドライオリーブの実、黒胡椒、唐辛子、ピンクペッパーの辛みが軽やかにアクセントになっていて、さまざまな料理がオシャレな味わいに。

富山コンカリー　2015年～

100g　1200円

富山県の郷土料理「こんか鯖」「こんか鰯」に使われる「こんか＝糠」をベースに、富山名産の干し柿、えごま、たっぷりの昆布を入れた、うまみとスパイシーさが特徴の万能カレーオイル。カレーライスにプラスして使うのはもちろん、卵かけごはん、ポテトサラダ、豚汁にかけて即席カレーにするのもおすすめ。

チョコエ塩　2016年～

70g　1200円

広島県尾道市でカカオ豆と砂糖だけのシンプルなチョコレートを作る「USHIO CHOCOLATL」とのコラボレーションで誕生。ほろ甘さと苦みのあるカカオニブと、ナッツのごりごり食感とが合わさって、癖になるおいしさです。アイスクリームやパンケーキにかけたり、かぼちゃやさつまいものサラダの仕上げにかけるのがおすすめ。

氷見コンカラー油　2017年～

110g　908円

富山県氷見市の魚問屋「つりや」とのコラボレーションで誕生。「糠漬けアンチョビ」をベースに、香辛料やねぎ、しょうが、にんにくなどを加え、台湾のスパイスと「唯一味」の唐辛子がアクセントになったラー油です。辛すぎず、止まらないおいしさ。お刺身、豆腐、蒸し野菜、和え麺など使い方はさまざまに。

エジプト塩はこうしてできる

工塩工場見学

工塩はアイでできている。

煎る

ナッツ類はオーブンで低温ローストに、天然塩、白ごま、クミン、コリアンダーはフライパンで火入れ。夏はみんな汗だくになる地道な作業。香り高いエジプト塩を作るための重要な工程です！

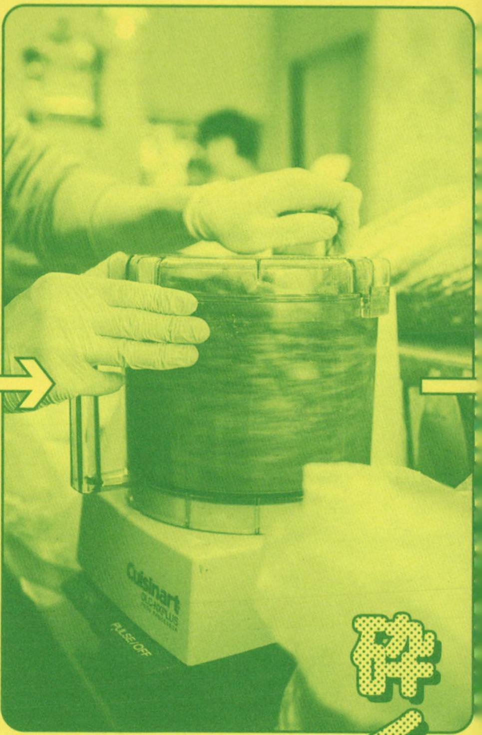

砕く

フードプロセッサーを使って、ナッツ類を種類別に粉砕。細かく砕きすぎないけど食べやすい、絶妙なサイズに砕くことで、エジプト塩のおいしさの秘密「ごりごり」食感を作っています。

4代目工場長
けんちゃん

月に一度スタッフが、たかはしよしこのフードアトリエ「S/S/A/W」に集結し、
１週間かけてエジプト塩の製造を行う通称「工塩工場」。
最新鋭のAIやロボットを駆使したハイテク工場かと思いきや、
その実態はどこまでもアナログな驚くべき手作業の現場だった！
案内してくれたのは工場長のけんちゃんこと青木健太朗氏。
長年謎とされていたエジプト塩の秘密が今明らかに!?

混ぜる

下処理を終えた材料を計量し、バットの中に入れて混ぜ合わせます。粒の大きさがバラバラなので、両手を使ってまんべんなく。ちなみにこの一つのバットで、エジプト塩188瓶分。

詰める

紙コップとろうとを使って1瓶70gずつ、ここでも手作業で瓶に詰めていきます。最後にトレードマークの三角形のロゴ入りラベルと材料表ラベルを１枚ずつ貼って、完成！

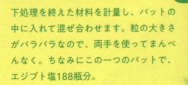

エ塩工場スタッフのみんなが教える

エジプト塩マイベスト3

エジプト塩愛にあふれる、歴代スタッフ15人に
自分流のおいしい食べ方ベスト3、
そしてエジプト塩のスパイシーな思い出を語ってもらいました！

河渡智美さん
エジオ歴7年

1位　素揚げにんじん

2位　卵でとじたかき玉うどん

3位　えびすやのたこ焼き

＜エジオな思い出＞スタッフとして初めてよしこさんの遠出のケータリングに同行し、北海道のニセコで開催されていた「森のカフェフェス」で、エジプト塩入りキャラメルを作って売ったこと。残ってしまったキャラメルを洞爺湖のほとりでひとり行商したこと。美しい洞爺湖とその地に住むみなさんとの出会い、よしこさんとも長い時間をともにして、生きててよかったと心から思えた瞬間。大切な思い出です。

齋藤徹さん
エジオ歴7年

1 代目工場長

1位　サラダ

2位　ごはん

3位　豆腐

＜エジオな思い出＞今ではみんな各方面で活躍していますが、その頃暇だった友達にエジプト塩を製造するエ塩工場の日にアトリエに来てもらい、瓶に詰める作業を一緒にしたのは、打ち上げも含めていい思い出です。

白坂志雄人さん
エジオ歴6年

1位　お野菜（焼、蒸、生）

2位　パン

3位　麺

＜エジオな思い出＞最初はよしこさんが参加していたイベント「もみじ市」で、初めましての味に驚きました。エ塩工場では大量のスパイスを炒め、香り豊かな場所で包装を。貴重な体験です。エジプト塩というおいしい魔法をかければ、お皿はもう、うまみの海。まだ魔法は解けず自由に泳ぎ続けています。

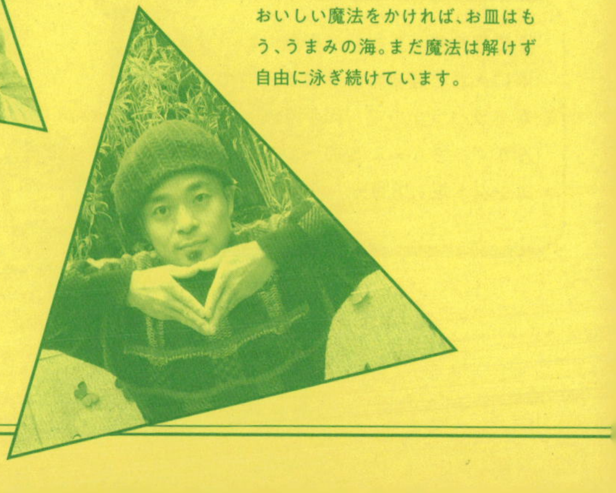

2
代目工場長

若月大地さん
エジオ歴6年

1位　おかゆ

2位　ピタサンド

3位　チョコレートアイス

＜エジオな思い出＞地獄のような真夏の厨房で汗水を流し、拷問のようにひたすら焙煎をしていたこと、頭皮の毛穴からつま先まで全身にエジプト塩の香りをまとい、個性豊かな仲間たちとともにした製造作業、工場帰りに立ち寄った骨董品屋で「すごーい、カレーのにおいがする」とお客さんに騒がれたこと、どれも僕の大きな財産です。

大園篤志さん
エジオ歴6年

1位　焼き野菜（とくに根菜類）

2位　ピタサンド

3位　おかゆ（ギーと）

＜エジオな思い出＞エジプト塩との出会いは5年前にS/S/A/Wのスタッフだった若様（若月大地さん）と知り合ってからです。ケータリング先の御殿場合宿で食べた、ハーブと野菜ぎっしりのピタサンドに惜しみなくふりかけたエジプト塩が思い出の料理です。

太田真奈さん
エジオ歴4年

1位　おにぎり

2位　納豆

3位　冷ややっこ

＜エジオな思い出＞初めはパッケージのかわいさから気になり出したエジプト塩。どうしても気になって兵庫のポノポノ食堂に買いに行った記憶があります。いつしかチームに入れてもらって作る側へ……。今では調味料の枠を超えて、私の人生のスパイスになってる気がします。

3
代目工場長

市川舞子さん
エジオ歴2年

1位　精進ビビンパ

2位　ローストしたにんじん

3位　コロッケ

＜エジオな思い出＞大好きなエジプト塩に携われたことを幸せに思います。ナッツの火入れから瓶詰め、シール貼りまで手作業で行うエジプト塩。真夏に汗でびしょびしょになるまで火入れしたことも。それだけ、皆の愛が詰まったエジプト塩を喜んでもらえることが何よりうれしかったです。

青木健太朗さん
4代目工場長
エジオ歴1年

1位　おかゆ(バターと)

2位　塩ゆでしたキャベツ

3位　おにぎり

<エジオな思い出>4~5年前、奥さんに誘われて食べに行ったエジプト塩食堂。不思議な調味料、初めて食べたキヌア、店員さんのレンズ無しメガネ……かすかな記憶を残したまま時が経ち、奥さんにあの不思議なメガネの人がいるお店がスタッフ募集してるよと教えてもらい、気がつけば働いていました。

本間由樹子さん
エジオ歴4年

1位　ごはん

2位　揚げ野菜

3位　目玉焼き

<エジオな思い出>エジプト塩レシピのミニブックが大好きで、一時つねに持ち歩いていました。時間のあるときに眺めると心があたたかく元気になれました。数冊持っています！

杉戸恵さん
エジオ歴5年

1位　半熟の目玉焼き

2位　グリル野菜(とくにかぼちゃとカブ)

3位　ごはん(おにぎり！)

<エジオな思い出>使い出してすぐハマりすぎて、連日あらゆる料理に使っていたら、主人に「しばらくいいや」と言われてしまいました……！それからは主人はたまに、私は好きなだけ、それぞれいい塩梅で使うようにしてます！

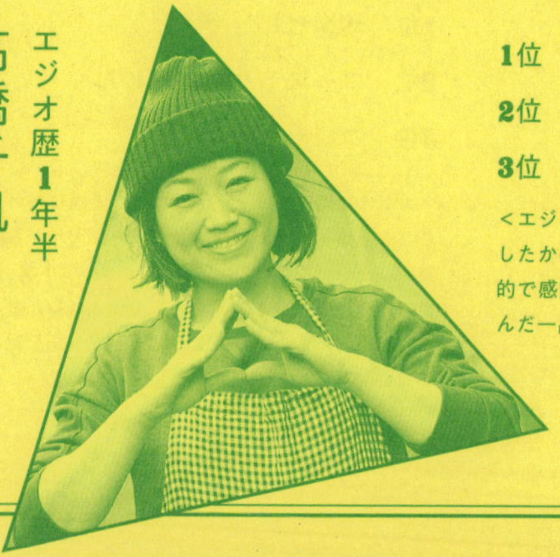

高橋千帆さん
エジオ歴1年半

1位　おにぎり・白ごはん

2位　にんじんラペ

3位　コールスロー

<エジオな思い出>初めて食べたとき、エジプトにトリップしたかのような異国感に襲われ、何よりそのおいしさが衝撃的で感動しました。ただの野菜にぱらりしただけで、手の込んだ一品になってしまう。一瓶で虜になりました。

エジオ歴7年
仁科可奈子さん

1位　グリル野菜

2位　揚げ物

3位　アボカド、パクチー、ライムのトースト

＜エジオな思い出＞本格的に食を見直し始めた頃に出会ったエジプト塩。オーガニックのにんじんをシンプルにグリルして、ぱらり。にんじんの甘さと土の香り、ナッツとスパイスが絶妙にからまったあの味は今でも忘れられない感動の一口です。

エジオ歴6年
小野菜美子さん

1位　アボカドと葉っぱモリモリエスニック和え麺

2位　いちじくとマスカルポーネとはちみつのタルティーヌ

3位　柿と春菊の白和え

＜エジオな思い出＞個人でジャムを販売していたことがあり、好きだったお店に置いてほしいとお願いしたことがありました。そのお店の場所によしこさんのフードアトリエS/S/A/Wがオープンし、愛用していたエジプト塩のお手伝いを今させていただいてます。

エジオ歴5年
橋村宏子さん

1位　おにぎり

2位　焼き野菜や蒸し野菜（+オリーブ油をたらり）

3位　カレーと一緒に食べるごはん

＜エジオな思い出＞初めて知ったのはinstagramで。色鮮やかな野菜たちにエジプト塩が使われていて、食べてみたい！と興味を持ちました。よしこさんのイベントへ行きエジプト塩を購入し、おうちでも使うように。パラパラかけたり、加えたりするだけでいつもの料理がなんだかおいしくなり♡すっかりハマってしまいました。

エジオ歴7年
簗口友紀さん

1位　塩ラーメンにエジプト塩とパクチー

2位　ホットドッグ
（ケチャップにエジプト塩を混ぜサルサソース風に）

3位　フライドポテトの塩のかわりに

＜エジオな思い出＞一度東京を離れ、地元に帰りました。そこで偶然、地元で流通しているはずのないエジプト塩を見かけました。お世話になったよしこさんのこと、アトリエでの楽しい思い出がよみがえり、じぃ～～んとしてしまい再度東京に出戻ってしまいました。結果、今に至ります（笑）。

☆日本全国エジオをかけたいお取り寄せ☆

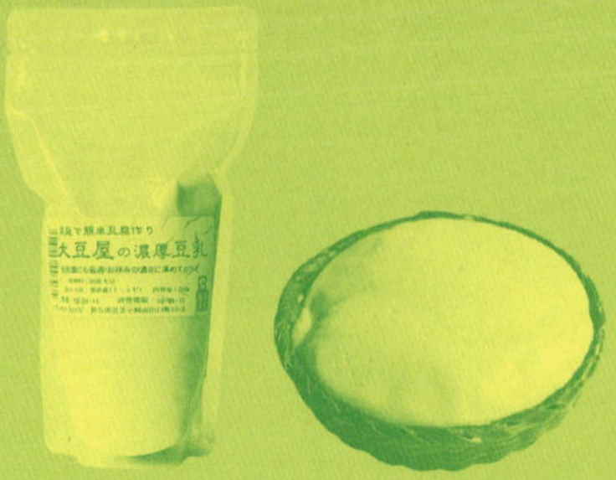

神奈川県茅ヶ崎市

大豆屋
豆乳、豆腐

おすすめは濃厚豆乳、青大豆汲み上げ豆腐、汲み上げ豆腐・ざる入り。15年以上ずっとお取り寄せしていて、こだわりとまじめなお仕事に毎度感動しています。エジプト塩＋豆腐＋おいしいオイルで極上の一品の完成です。

大豆屋の濃厚豆乳（250g） 319円／青大豆汲み上げ豆腐（400g） 1192円／汲み上げ豆腐　ざる入り（400g） 802円

大豆屋　Tel. 0467-85-5316

オンラインショップ有

北海道虻田郡洞爺湖町

とうや水の駅
いろいろな生産者さんがつくる豆

おすすめは白花豆、大福豆、黒大豆、トラ豆、金時豆、小豆など。白花豆、大福豆は白いんげんまめの別称なので、白いんげんの塩麹コロッケ（P110）にも使っています。ほかにも、ポタージュ、煮豆、フムスにも。

白花豆（500g） 538円／大福豆（500g） 463円／黒大豆（500g） 426円／トラ豆（500g） 482円　ほか。

※生産者・時期によって価格変動あり。

とうや水の駅　Tel. 0142-82-5277

オンラインショップ有

広島県尾道市

USHIO CHOCOLATL
チョコレート

おすすめはトリニダート・トバゴのチョコレート。カカオの産地まで足を運び実際に直輸入してきたカカオ豆と砂糖だけでシンプルに作っているチョコなので、産地のテロワールがそのまま味わえるのが最大の特徴。ぜひエジプト塩と一緒に味わってくださいね。

サンファンエステート（トリニダード・トバゴ産）（40g）700円／グアテマラ（40g）700円

USHIO CHOCOLATL　Tel. 0848-36-6408

※通信販売はなし。取り扱い店舗にて販売。

エジプト塩と相性抜群、
かければおいしさ倍増の
お取り寄せをセレクト！

沖縄県那覇市

花商
じーまーみ豆腐

那覇のじーまーみ豆腐専門店。冷やしたじーまーみ豆腐にエジプト塩＋オリーブ油をかけるだけで、絶品おつまみになります！
じーまーみ豆腐（大）　190円
花商　Tel. 090-3796-9346

神奈川県鎌倉市

邦栄堂製麺
餃子の皮、麺

特に水餃子の皮がもちっとしていておすすめです。さまざまな太さが選べる麺もあわせてぜひ注文してみてください。人が集まるとき、餃子と麺料理で盛り上がりますよ！
餃子の皮と麺のおすすめ詰め合わせ2500円～（送料手数料込み）
邦栄堂製麺　Tel. 0467-22-0719

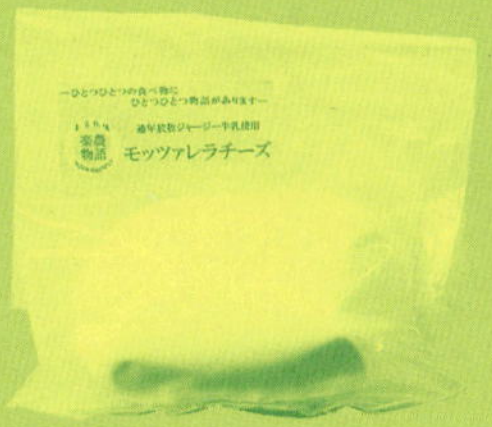

北海道喜茂別町

チーズ工房タカラ
ざるチーズ「タカラのヤッコ」

タカラのチーズを製造する斉藤愛三さんの話がとっても面白く、伺うたびに長居してしまいます。牛たちがのおいしい空気を吸いながらのびのび暮らしていて、大好きな牧場。ざるチーズ「タカラのヤッコ」にエジプト塩で冷ややっこのようにいただくのがおすすめ。
ざるチーズ「タカラのヤッコ」（293g～）950円～
チーズ工房タカラ　Tel. 0136-31-3855

熊本県玉名市

玉名牧場
モッツァレラチーズ

国産のモッツァレラチーズにありがちな硬さがなく、やさしくミルキーでおいしい。本書に登場してくれた細川亜衣さん（P160）のご紹介で牧場に伺うと、牛たちは本当に幸せそうに暮らしていたのが印象的でした。
モッツァレラチーズ1個（100g）649円／2個（200g）1389円
玉名牧場　Tel. 0968-74-9248
オンラインショップ有

☆エジオと一緒に使いたい調味料☆

島根県安来市

大正屋醤油店
国内産丸大豆醤油

出会いは、米子の自然食品店「あわ屋」さんで。姉が玄米の揚げおにぎりにかけるとおいしいと作ってくれたことがきっかけで私もたちまち虜に。口あたりはやさしく、でもうまみがあって、気取らず毎日使いやすいおしょうゆです。
国内産丸大豆醤油（720ml）800円／（1800ml）1650円
大正屋醤油店　Tel. 0854-37-9061
オンラインショップ有

石川県能登町

ふらっと
手作り調味料いしり、ゆうなんば

ふらっとは、1日4組限定の宿で、イタリア料理店。手作りのいしりは他では味わえないほど、うまみが凝縮していて上品でおいしいです。焼きおにぎり、ゆうなんばと合わせたソースにしてカルパッチョにおすすめです。
手作り調味料いしり（100g）900円
ゆうなんば（50g）1000円
ふらっと　Tel. 0768-62-1900
オンラインショップ有

京都府宮津市

飯尾醸造
果実酢

おすすめは「紅芋酢」「無花果酢」「にごり林檎酢」。ざく切りのトマトにかけるだけの酢トマトにおすすめ。おいしいリーフが手に入ればサラダもおすすめです。紅芋酢で酢飯を作るとピンクに色付くちらし寿司ができて、華やかな席にもぴったりです。
梅くろす（120ml）800円／紅芋酢（120ml）600円／梅べにす（120ml）800円／無花果酢（120ml）600円／にごり林檎酢（120ml）800円
飯尾醸造　Tel. 0210-64-0015
オンラインショップ有

高知県幡多郡

ソルティーブ
土佐の塩丸

好きなお塩はたくさんありますが、ここの塩はとても特徴的です。力強くて個性的な塩！シンプルにおにぎりにするのがいちばんのおすすめです。
土佐の塩丸（200g）600円／（500g）1500円
ソルティーブ　Tel. 0880-55-3226
オンラインショップ有（幡多広域観光協議会ショッピングサイト）

鳥取県米子市

土ある暮らし　丸瀬家
ごま油

炊きたてごはん、ゆでたて青菜、お刺身、豆腐、おもちに……、このごま油をひとたらししてみてください。軽やかなのに奥行きのある風味があって、シンプルな料理だからこそ、他との違いを感じられると思います。
ウガンダ産白胡麻の胡麻油　小（100g）2000円／大（175g）3000円
オンラインショップ有

北海道虻田郡洞爺湖町

佐々木ファーム
黒豆味噌

北海道の大地のエネルギーがそのまま詰まったようなおみそ。その名も「雄大」。おみそを手作りしているおばあちゃんが、お孫さんの名前からネーミングしたそう。原料の黒豆も佐々木ファーム産です。お野菜の丸かじり、じゃがいももちのみそバター焼き、ディップにもおすすめ。
黒豆味噌　雄大（700g）825円
佐々木ファーム　Tel. 0142-87-2667
オンラインショップ有

鳥取県倉吉市

西河商店
わさびオイル

擦り立てのわさびのようなフレッシュな辛みがそのまま残されているオイル。ひとふりするだけで、手軽に本格的なわさびの味を楽しむことができて、画期的な商品だなと使いながらいつも感心しています。
わさびオイル（55g）1112円
西河商店　Tel. 0858-33-4649
オンラインショップ有

三角△三角△三角△四角□
エ塩工場　日本にあるけど　馳せる思いはピラミッド
野菜に一振りあら不思議
おどれおどれアーモンド　うまみうまみピスタチオ
香れ香れ胡麻つぶつぶ　世田谷生まれの世田谷クミン
これこれこれこれコリアンダー　塩

なんだなんなんだ　野菜に一振りあら不思議
ベジパワーと大地のパワー　お口の中は弾ける旨味
パスポートなんていらないよ！
パスポートなんていらないよ！
パスポートなんていらへんで！
パスポートなんていらへんでー！

エジオアゴーゴー♫　エジオアゴーゴー♫
エジオアゴーゴー♫　エジオアゴーゴー♫
エジオアゴーゴー♫

夕焼け空の下から美味しい匂いがするよ

エーアーイーウーエーアーアー♫

エ塩工場から届く　エジプト塩が大好き

エーアーイーウーエーアーアー♫
エーアーイーウーエーアーアー♫

エジプト塩のテーマソング

作詞　トンチ＆齋藤徹　作曲　トンチ
うた　トンチ＆チームたかはし

エーアーイーウーエーアーアー♫
エーアーイーウーエーアーアー♫
エーアーイーウーエーアーアー♫
エーアーイーウーエーアーアー♫
エーアーイーウーエーアーアー♫
エーアーイーウーエーアーアー♫

木漏れ日が射すおうちから美味しい匂いがするよ
エーアーイーウーエーアーアー♫　×3

エジプトに行ったことはないけどエジプト塩なの
エーアーイーウーエーアーアー♫　×6

エジオアゴーゴー♫　エジオアゴーゴー♫
エジオアゴーゴー♫　エジオアゴーゴー♫
エジオアゴーゴー♫

EGYPTIAN SALT MAGAZINE SPECIAL ISSUE

第3章

おかず

エジプト塩は意外にも、和風料理にも、洋風料理にも合うんです。
いつもの定番おかずが、エジプト塩を加えたアレンジで
エキゾチックで新鮮な、食卓の主役になりますよ。

エジオきんぴら

エジオきんぴら

定番のきんぴらを、ほんのりエキゾチックにアレンジ。
エジプト塩って、和食にも合うんです！ということを
声を大にして言いたくなる料理です。作りおきできるので、常備菜にも。

＜材料＞　4人分

れんこん　1節（約400g）
長ねぎ　1本
ひじき　20g
にんにく（みじん切り）　1かけ分
ごま油　大さじ2
酒、みりん　各大さじ3
一味唐辛子　少々
エジプト塩　小さじ2
ナンプラー　小さじ2
しょうゆ　小さじ2
黒酢　小さじ2

＜作り方＞

1 れんこんは縦切りに、長ねぎは縦切りに。ひじきはカップ1/2の水で戻す。
2 フライパンににんにくのみじん切りとごま油を入れて中火強で熱し、にんにくの香りがたちきつね色になってきたら、れんこん、長ねぎ、水気をきったひじきの順に加えながら炒める。酒、みりんを入れてふたをし、中火弱で熱する。
3 全体がなじんできたら、一味唐辛子、エジプト塩、ナンプラー、しょうゆ、黒酢を加えて味を整え、強火にして水気をじゃじゃっと飛ばしたらできあがり。

△メモ△
ナンプラーのかわりにいしるやほかの魚醤、しょうゆのみで仕上げてもおいしいです。

異国こんにゃく炒め

和食の定番も、エジプト塩をかけるとたちまちエキゾチックな味わいに。
お弁当のおかずやビールのおつまみにもぴったり！

＜材料＞　4人分

こんにゃく　200g
いんげん　10本（約70g）
お揚げ　1枚
ごま油　大さじ2
にんにく（スライス）　1かけ分
無塩カシューナッツ　100g

A
- しょうゆ　大さじ2
- ラー油　大さじ1
- エジプト塩　小さじ1

＜作り方＞

1. こんにゃくは、ひと口大にちぎって厚手の鍋に入れ、2～3分熱湯でゆでる。臭みが出たらお湯だけ捨てて、そのままから炒りする。
2. いんげんとお揚げを約3cmにカットしておく。
3. フライパンににんにくのスライスとごま油を入れて熱し、香りが出てきたら1と2とカシューナッツを入れて炒める。最後にAを加えてジュッと仕上げる。

△メモ△
ラー油は氷見の魚問屋「つりや」さんとコラボレーションして開発した「氷見コンカラー油」（P87参照）がおすすめです。

 エジオバンバンジー餃子

エジオバンバンジー餃子

エキゾチックな味わいが楽しい餃子。
鶏肉、ミント、きゅうり、ココナッツ油の組み合わせが
意外とさっぱりしていて、何個でもいけちゃいます。
ココナッツ油のかわりにごま油、
ミントのかわりに大葉にしてもおいしいですよ。

＜材料＞　20個分

鶏ももひき肉 200g
きゅうり　2本(約240g)
ミント　3g
しょうが(みじん切り)　小さじ2
みそ　小さじ1
酒　大さじ1
ココナッツ油　小さじ2
エジプト塩　小さじ1
餃子の皮　(大)20枚

米油　大さじ1
片栗粉　小さじ1/2
水　100cc
ココナッツ油　小さじ1

［タレ］
バンバンジーソース(作り方P174)　適量
ラー油　適量

＜作り方＞

1　きゅうり、ミントは細切りにする。きゅうりは塩でもんで水気を絞る。
2　鶏ももひき肉、しょうがのみじん切り、みそ、酒、ココナッツ油、エジプト塩をこね合わせたら、きゅうりとミントを入れて軽く混ぜ、餃子の具を作る。
3　餃子の皮で具を包んでいく。
4　米油をひいたフライパンに3を並べ、火にかける。焦げ目がついたら薄い水溶き片栗粉水を入れ、ふたをして中火弱で餃子に火を通す。最後にココナッツ油小さじ1をかけて香りをつける。
5　焼きたてをお皿に盛りつけたら、バンバンジーソースとラー油をつけて食べる。

エスニックなピーマンの肉詰め

「えっ、こんなに!?」っていうほどたっぷりまぶしたクミンがポイント。
いざ口に入れると、クミンがジューシーなお肉の味わいを引き立てつつ、
後味はさっぱりさわやか。やみつきになるおいしさです。

＜材料＞　8個分

ピーマン　4個(約120g)
豚ひき肉　150g
玉ねぎ　1/2個
パン粉　大さじ3
牛乳　大さじ3
卵　1/2個
にんにく(みじん切り)　1/2かけ分
エジプト塩(さらさら)　小さじ1/2
粗挽き黒こしょう　少々
クミンシード　大さじ3
米油　大さじ1強

[仕上げ用]
エジプト塩(ごりごり)　小さじ1
スパイシーバルサミコしょうゆソース
(作り方P174)　適量

＜作り方＞

1　ピーマンを縦半分に切り、ヘタ・種を取る。玉ねぎをみじん切りにして炒める。パン粉に牛乳を加えてひたしておく。

2　ボウルに豚ひき肉、炒めた玉ねぎ、牛乳にひたしたパン粉、卵、にんにくのみじん切り、エジプト塩のさらさら部分、粗挽き黒こしょうを入れ、手で混ぜ合わせる。

3　ピーマンの内側に薄力粉(分量外)をはたき、2の肉ダネを詰める。肉ダネの全面にクミンシードをまぶし、手のひらで押し付けておく。

4　フライパンに米油をひき、ピーマンの側から焼き始める。ピーマンに火が通ったらひっくり返す。ここでふたをして5分。肉に火が通ったらスパイシーバルサミコしょうゆソースを絡めてお皿に盛りつけて、エジプト塩のごりごり部分をふったらできあがり。

白いんげんの塩麹コロッケ

白いんげんの塩麹コロッケ

大好きな北海道・洞爺湖産の白いんげん豆のおいしさを伝えたくて考えたレシピです。お豆は下準備にちょっぴり時間がかかるけれど、その手間を忘れちゃうくらいのおいしさ。頑張った先には、きっと幸せが待っていますよ！

＜材料＞　10個分

白いんげん豆　200g

A
- 玉ねぎ　1/4個
- にんじん　1/4個
- セロリ　1/3本
- パセリの茎　2本
- にんにく　1かけ
- ローリエ　1枚
- 塩　小さじ1/2

豆乳　大さじ2
塩麹　小さじ2
粗挽き黒こしょう　少々
エジプト塩　小さじ1/2
薄力粉、水、パン粉、揚げ油　各適量

［仕上げ用］
スパイス豆乳マヨネーズ（作り方P175）　小さじ1
エジプト塩（ごりごり）　適量

＜作り方＞

1 白いんげん豆は、800ccの水に8時間以上、もしくはひと晩つける。水分ごと小鍋に移し、皮をむかず塊のままAの香味野菜も入れてしっかり柔らかくなるまでゆでる。途中で水気が足りなくなったら水を足し、つねにひたひたをキープすること。

2 柔らかくなったら、豆だけ取り出しマッシュにする。豆乳、塩麹、粗挽き黒こしょう、エジプト塩を入れて混ぜたら、50gずつに分けて丸める。

3 薄力粉と水を1対1（水をやや多めに）で溶いたどろっとしたタネを作り、2をひとつずつくぐらせ、パン粉をまぶす。

4 180℃の油で、表面がきつね色になるまで揚げる。スパイス豆乳マヨネーズをのせ、エジプト塩をふってできあがり。

スパイス

スパイスとの初めの出会いは、母の手料理にときどき入っていたベーシックなスパイスでした。ハンバーグのナツメグ、りんごケーキのシナモン、ポトフのローリエ、などなど。

そんな私が衝撃を受けたのが、姉がエジプトやシリアやイスラエルを3か月旅して帰ってきたときのこと。今から20年以上前のことです。姉から聞かされたエキゾチックな中東の食べ物やスパイスの話。街角で何度も食べたというピタサンドのボリューム感。ファラフェルに利いていた、クミンというスパイスの香りや味わいのおもしろい（下品な！笑）表現。スパイス屋さんで買い物しようとしたら、少量すぎたので、ただでもらえた話など。

アラブの香りが今にも漂ってきそうな勢いで熱弁する姉は、今考えるとスパイスで覚醒していたのでしょう。そんな姉の話から、私の妄想はどんどん膨らみ、未だに行ったこともない異国をイメージした「エジプト塩」が誕生したのです。私に妄想というスパイシーなプレゼントをくれた姉には心から感謝しています。

スパイスは、素材そのものが持つ独特の香りや野暮ったさを、組み合わせ次第でぐっと都会的に変化させてくれる優れものだなあと思っています。

あなたの中の記憶の中のスパイスはどんな香りですか？

高野豆腐のアーモンドカツ エジオバルサミコソースかけ

エジオセロリ納豆

なかしましほさん（P164に登場）から「エジプト塩を納豆に入れて毎朝食べてます」と聞いて、驚きながらも自分でも試してみたら本当においしくて。
セロリを使うと、さわやかで都会的な味になるんですよ。

＜材料＞　4人分

納豆　3パック
セロリ　1/2本
ディル　5本
プチトマト　5個
アボカド　1/2個
卵黄　1個
エジプト塩　小さじ1
しょうゆ麹*（なければしょうゆでも）　小さじ1
お好みのおいしいラー油　小さじ1

＊しょうゆ麹の作り方
しょうゆ1カップ、白米麹1カップを合わせて瓶に入れたら冷蔵庫に入れて、ひと晩で完成。熟成してくると甘みが増し、和え物や炒め物に使うと砂糖やみりんを控えることができるほど。冷蔵庫で長期保存可能。

＜作り方＞

1　納豆にセロリのみじん切り、ディルのざく切り、1/2にカットしたプチトマト、アボカドのサイコロ切り、卵黄、エジプト塩、しょうゆ麹、ラー油をのせる。食べる直前にがーっと混ぜてできあがり。

△メモ△
炊きたてごはんにのせるのはもちろん、そのままお酒のつまみにしたり、冷やし麺のトッピングにしてもおいしい。

高野豆腐のアーモンドカツ
エジオバルサミコソースかけ

高野豆腐を揚げるという驚きの調理法は、精進料理の先生から教えていただいたもの。じゅわっとジューシー、お肉が食べられない方にもおすすめです。

＜材料＞　4人分

高野豆腐　4枚
昆布とかつおとしいたけのだし　400cc
しょうゆ　大さじ1
みりん　大さじ2
塩　小さじ1/2
薄力粉　適量
パン粉　35g
アーモンドスライス　35g

［仕上げ用］
エジプト塩（ごりごり）　大さじ1
スパイシーバルサミコしょうゆソース（作り方P174）　カツ1枚につき小さじ1

＜作り方＞

1. 高野豆腐を水に10～15分くらいつけて戻しておく。
2. 鍋に昆布とかつおとしいたけのだし、しょうゆ、みりん、塩、水気を軽く絞った高野豆腐を入れ、20分ほど炊いて下味を含ませておく。
3. 2の高野豆腐を鍋から取り出し、軽く水気を絞る。薄力粉と水を1対1の割合で溶いたどろっとしたタネにまずくぐらせ、パン粉にアーモンドスライスを混ぜた衣を全面につける。
4. 180℃の油で揚げる。揚げたてにスパイシーバルサミコしょうゆソースをかけて、できあがり。リーフサラダを添えるとなおいい。

ホロッホー蒸し

煮物を作る時間はないけど温かいおかずが欲しい！
というときに大活躍の蒸し煮料理。「ホロッホー」という名前は、
「ホロホロしていて叫びたくなるほどおいしいから」と夫の景さんがつけたもの。
なんでもないお料理でも、名前がつくと愛おしくなりますよね。

＜材料＞　4人分

里いも　2個（約150g）
れんこん　1/2節（約200g）
紅くるり大根　（小）1本（約200g）
長ねぎ　1本（約100g）
エジプト塩
（ごりごりとさらさらに分けて使う）　各大さじ1.5
ローリエ　3枚
ローズマリー　2本
にんにく（みじん切り）　1かけ分
オリーブ油　大さじ3
水　80cc

＜作り方＞

1 里いもは皮をむいて塩でぬめりを取っておく。野菜は皮をむいてひと口大くらいに揃えてカットし、厚手の鍋に入れる。

2 エジプト塩のさらさら部分をまず入れる。ローリエ、ローズマリー、にんにくのみじん切り、オリーブ油、水を入れて火にかけ、沸騰したらひと混ぜし、ふたをして中火弱～弱火で10分ほど蒸し煮にする。一度ふたを取ってひと混ぜしたら、串で火が通っているかチェックし、エジプト塩のごりごり部分を仕上げにかけてできあがり。

△メモ△
おすすめは根菜ですが、桜えびとキャベツ、じゃがいもとグリーンピースと玉ねぎの組み合わせもおいしい！　オリーブ油のかわりにごま油を使う、ハーブを使い分けるなど、いろんなアレンジを楽しんでみてください。

チリンドロン

チリンドロンはスペインのアラゴン州の郷土料理。
ほぼ野菜から出た水分だけで煮込むので、素材本来のうまみが凝縮された味に。
お鍋ごとどんと出せば食卓がぱっと華やぐ、主役級の一品です。

＜材料＞　4人分

鶏もも肉　1枚（約400g）
エジプト塩（さらさら）　4g
パプリカパウダー　小さじ1
薄力粉　適量
にんにく　1かけ
玉ねぎ　1個（約220g）
ピーマン　3個（約80g）
パプリカ　2個（約200g）

トマト　3個（約500g）
水　50cc
バルサミコ酢　大さじ2
ローリエ　3枚
オリーブの実（黒オリーブでも）　20粒
米油　大さじ4～5

［仕上げ用］
エジプト塩　大さじ2

＜作り方＞

1　鶏もも肉は一口大にカットして、エジプト塩のさらさら部分とパプリカパウダーをもみ込み、薄力粉を全体にまぶす。フライパンに米油大さじ2とにんにく1かけを入れ、香りがたつくらい熱したら、鶏肉を入れて焼き付ける。火が回ったら厚手の鍋に移しておく。

2　玉ねぎはくし形に切り、ピーマン、パプリカはヘタと種を取り1.5㎝幅の縦切りに、トマトはざく切りにする。

3　1で肉を焼き付けたフライパンに残りの米油を入れ、玉ねぎを炒めて、肉を入れている厚手の鍋に移していく。ピーマンとパプリカも炒め、別の容器によけておく。

4　トマトのざく切り、水、バルサミコ酢、ローリエを入れたら厚手の鍋を火にかけ、沸騰したら弱火にしてふたをし、15分ほど煮込む。鍋底が焦げないように注意して、たまにかき混ぜながら煮る。最後によけておいたピーマン、パプリカ、オリーブの実を入れたらふたを開け、5分煮る。仕上げにエジプト塩をお好みの分量で入れ、ひと混ぜしたらできあがり。

ピタパンに挟んでもおいしい！にんじんココナッツラペ（P25）、ルッコラとエジオのサラダ（P29）、キャベツとキヌアのホットサラダ（P37）、サ・バ・タ・ブ・レ（P63）、ひよこ豆のエジオフムス（P70）、白いんげんの塩麹コロッケ（P110）。これらとピタを一枚のプレートに盛りつけ、楽しいピタサンドプレートに。野菜がもりもりいただける、大満足のひと皿になる。

よしコラム⑤

ふだんのごはん

すべての人に、1日3回も訪れる食事の時間。

毎食小さな幸せが訪れると、毎日が本当にハッピーになりますよね。

私のふだんのごはんは家族で食べること。チームのみんなとまかないで食べること。お友達とたまに出かけるスペシャルな外食の3パターンです。

ふだんはほぼ自炊派。だって外食することを考えると、どれだけでも贅沢な買い物ができるのですもの。そのとき自分が食べたいと、身体が欲するものをちゃちゃっと作って食べる。そうすることで身体もお肌もはたまた心も変わってくるはずです。

外食が続くとまず野菜不足になります。野菜不足になると身体が重くなりますね。自炊の素晴らしいところは、自分の好みの味に仕上げられるし、不足しがちな野菜もたくさん摂取できるし、何よりほっとする家でほっとしながら食べる食事はいちばんの贅沢だなと思います。

おいしい幸せがみんなに平等に訪れてほしい……。

そう願いながら、せっせと魔法の調味料を作っている私たち。ふだんの食事から、まずは素材選びのプチ贅沢を始めてみてください。毎日の自炊生活でエジプト塩を使えば、たちまち妄想食卓世界旅行が楽しめること、間違いありません！

第4章

ごはん

ごはん、パン、麺と、エジプト塩の組み合わせは、
ぱらりとかけるだけでおいしくなる、簡単レシピの代表です。
ここでは、さらにおいしくなるひと工夫を加えたレシピを紹介します。

おかゆとギーとエジオ

おかゆのすばらしさは、以前師事していた精進料理家の藤井まり先生から教わりました。
精進料理の世界では、「粥に十徳あり」という言葉があるくらい尊重されているもの。
身体も心もふわっととける、やさしい一品です。

＜材料＞　4人分

炊いた白米　1合分
昆布のだし　200cc
豆乳　200cc
春巻きの皮　2枚
揚げ油　適量
ギー*　小さじ4
エジプト塩　適量

＜作り方＞

1 炊いた白米と分量の昆布だし、豆乳を小鍋に入れ、中火弱で加熱する。焦がさないようによく混ぜて、ぽってりとしたおかゆに仕上げる。
2 細切りにした春巻きの皮を180℃の油で素揚げしておく。
3 おかゆを一膳ずつよそい、2とエジプト塩、ギーを各小さじ1ずつ入れる。エジプト塩はお好みで足しながらいただく。

＊ギーの作り方
無塩バター200gを小鍋に入れて中火にかけ、バターが溶けてふつふつしてきたら弱火にする。何度かかき混ぜながら、吹きこぼれないように注意をして13～15分ほど火にかける。バターが透明感のある黄金色になり、鼻をくすぐる甘い香りがしてきたら、クッキングペーパーを敷いたざるとボウルでこす。粗熱が取れたら容器に入れて保存する。

△メモ△
ギーとは、バターの不純物を取り除いたもの。甘い香りが食欲をそそり、おかゆはもちろん、パンやおもちとの相性も抜群。コロッケの中心部に入れてもとろりととろけておいしいです。まとめて作っておけば、1か月ほど保存可能です。

エジオ・パズートースト

『天空の城ラピュタ』に登場するトーストに、エジプト塩をプラス。
ただかけるだけなのに「おいしくて感動した！」とリピーター続出中。
「エジプト塩ってどう食べたらいいの？」という初心者の方にもおすすめです。

＜材料＞　トースト1枚分

卵　1個
米油　適量
食パン　1枚
バター　小さじ2
エジプト塩　小さじ1

＜作り方＞

1　フライパンを熱して米油を入れ卵を割り入れ、目玉焼きを作る。4～5分ほど、じっくり下面を弱火で焼くと、黄身は半熟に、下面はカリカリに仕上がる。
2　トーストした食パンにバターをぬり、1の目玉焼きをのせ、エジプト塩をふってできあがり。

根菜ごりごりちらし寿司

エジプト塩１瓶、豪快に使って作るちらし寿司です。
砂糖を使わないさっぱりとした合わせ酢に、たっぷりのお野菜を入れて味わってみてください。

＜材料＞　4人分

炊いた白米　2合分
干ししいたけ　5個

A
- しいたけを戻した水　200cc
- 酒、みりん　各50cc
- 濃口しょうゆ、砂糖　各大さじ2
- 塩　小さじ1/2

ゆりね　1個
れんこん　100g

B
- 水　100cc
- 酢　100cc
- 砂糖　大さじ2
- 塩　小さじ1

ごぼう　1/2本（約70g）
にんじん　1本（約100g）

C
- 水　100cc
- 塩　小さじ1/2
- 酒　大さじ1

鯛　2切（約170g）
卵　3個

D
- 水　大さじ2
- 片栗粉　小さじ1

紅しょうが　15g
ルッコラ　1束
エジプト塩（ごりごり）１瓶分
刻み海苔　お好みで

＊合わせ酢
オリーブ油　大さじ2
レモン汁　1個分
米酢　大さじ2
だしじょうゆ　大さじ2
塩　小さじ1

△メモ△
お寿司は大好きですが、いつも合わせ酢の砂糖量の多さにびっくりしていて……砂糖を少なくしておいしくできないかと考えて作ったレシピです。紅しょうがが苦手なら、かわりに刻んだドライトマトを入れたり、錦糸卵のかわりにゆで卵のミモザや、炒り卵にしたり、カニ、イクラなどをトッピングして華やかにしたり、自由にアレンジしてみてください！

＜作り方＞

1 白米を炊く。

2 300ccほどの水に半日ほどつけて戻した干ししいたけをスライスし、Aを小鍋で火にかけ、沸騰したらしいたけを入れ、中火弱にして15分ほど煮る。このとき出るアクはよく取り除いておく。煮汁は後で使うので残しておく。

3 ゆりねは芯から外しバラバラにする。黒ずんだ傷は包丁で削いでおく。300ccの水（分量外）に塩を少々入れて火にかけ、沸騰したらゆりねを入れ、火を止めて3分余熱で火入れする。

4 れんこんは皮をむいて薄くスライスし、水で一度ざぶっと洗う。Bを火にかけ、沸騰したられんこんを入れ、さっと煮てすぐ粗熱を取る。

5 ごぼうを斜め薄切りにし、2のしいたけの煮汁で5分ほど煮る。

6 にんじんを細切りにし水で一度ざぶっと洗う。Cと一緒に火にかけ、沸騰したらすぐに火を止めてそのまま粗熱を取る。

7 鯛の切り身を塩焼きにし、皮と骨は外して身をほぐしておく。

8 ボウルに卵を割り入れ、Dとよく混ぜる。よく熱したフライパンに薄く油（分量外）をひき、焦がさないように焼いて錦糸卵を作る。

9 ごはんが炊けたら、7の鯛のほぐし身を混ぜたところに合わせ酢を混ぜ、冷ましておく。

10 粗熱が取れたごはんに、水気を軽くきったしいたけ全量、にんじん全量、ごぼう半量、れんこん半量、刻んだ紅しょうがを混ぜてお皿に盛りつける。

11 最後にゆりね、ごぼう半量、れんこん半量、錦糸卵、紅しょうが少々、ルッコラ、エジプト塩のごりごり部分、刻み海苔をちらして、完成。（振るって残ったエジプト塩のさらさら部分は他のお料理に使ってください。）

エジプシャンビビンパ丼

5種類のナムル入りで、お肉なしでも大満足のボリューム感。
「よしこさんの料理の中でいちばん好き！」と言ってくれるスタッフも多い、
私の定番料理です。まずは一種類ごとに味わって、最後は混ぜて食べてくださいね！

＜材料＞　4人分

①～⑤の5種類のナムル
炊いた白米　4杯分
温泉卵　4個
自家製ナッツ辛味噌*　適量
焼き海苔　2枚
エジプト塩　適量

＜作り方＞

白米の上に5種類のナムル、温泉卵、自家製ナッツ辛味噌をのせ、エジプト塩と焼き海苔をかければできあがり。

＊自家製ナッツ辛味噌の作り方
材料（味噌100g、きび砂糖30g、空煎りかローストしたアーモンド20g、白ごまペースト20g、ごま油大さじ2、米酢大さじ1、みりん小さじ2、水小さじ1、エジプト塩小さじ1、唐辛子小さじ1弱）を、小さめのブレンダーかフードプロセッサーに入れてペースト状になるまで混ぜる。アーモンドのかわりにくるみ、カシューナッツ、ピスタチオ、ピーナッツなどでも。

①にんじんごまナムル

＜材料＞　4人分

にんじん　2本（約200g）
エジプト塩　小さじ1
にんにく（すりおろし）　少々
ごま油　大さじ1
白すりごま　小さじ1

＜作り方＞

にんじんはせん切りにしてからエジプト塩で塩もみし、水気を絞る。にんにくのすりおろしを耳かき1杯ほどと、ごま油、白すりごまを入れて混ぜる。

②ピーマンと干ししいたけの海苔ナムル

＜材料＞　4人分

ピーマン　4個（約80g）
干ししいたけ　5個
焼き海苔　2枚
ごま油　大さじ1
にんにく（みじん切り）　小さじ1/2
しょうゆ　大さじ1

＜作り方＞

干ししいたけは柔らかくなるまで水で戻してから薄切りに、ピーマンは細切りに。フライパンにごま油とにんにくのみじん切りを入れて火にかけ、香りがたったら、干ししいたけ、ピーマンの順で炒める。しんなりとしてきたらしょうゆを入れ、香ばしい香りがしたらちぎった海苔を入れてよく混ぜる。

③ごぼうカレーナムル

＜材料＞　4人分

ごぼう　2本（約170g）
太白ごま油　大さじ1
にんにく（みじん切り）　小さじ1/2
ガラムマサラ　小さじ1/4
ターメリック　小さじ1/8
しょうゆ　小さじ1

＜作り方＞

ごぼうは縦半分に切ってから薄く斜め切りにする。フライパンに太白ごま油とにんにくのみじん切りを入れて火にかけ、香りがたったらごぼうを炒める。しんなり柔らかくなったらスパイス（ガラムマサラ、ターメリック）を入れてさらに炒める。最後にしょうゆをじゃっと回しかけ、よく混ぜる。

＊スパイスのかわりに富山コンカリー（P87参照）を使ってもおいしく仕上がる。

④かぼちゃのエジオナムル

＜材料＞　4人分

かぼちゃ　1/4個（約280g）
にんにく（みじん切り）　小さじ1/2
太白ごま油　大さじ1
エジプト塩　小さじ1

＜作り方＞

かぼちゃは小さく短冊切りにする。フライパンに太白ごま油とにんにくのみじん切りを入れて火にかけ、香りがたったらかぼちゃを炒める。柔らかくなったらエジプト塩を入れてできあがり。

⑤きゅうりとしょうがのナムル

＜材料＞　4人分

きゅうり　2本（約220g）
塩（塩もみ用）　適量
太白ごま油　大さじ1
しょうが（細切り）　大さじ1
ナンプラー　小さじ2

＜作り方＞

きゅうりは縦半分に切ってから斜め切りにし、塩もみをして水気を絞っておく。ボウルに入れて太白ごま油で和えたら、しょうがとナンプラーを入れて混ぜる。

13 フォカッチャ

エジプト塩さつまいもフォカッチャ

さつまいもとシナモンを入れて焼くことで、香り高く、ふかふかに!

＜材料＞　30×20cmのバット1枚分

さつまいも　大1本か中2本(約300g)
水　175cc
牛乳　200cc
ドライイースト　7g
きび砂糖　12g
強力粉、薄力粉　各250g
シナモンパウダー　小さじ1弱
エジプト塩(さらさら)　10g
エジプト塩(ごりごり)　大さじ1
オリーブ油　120cc

＜作り方＞

1 水、牛乳を鍋に入れて人肌に温め、ドライイーストときび砂糖を加えて混ぜ、少しおいておく。

2 強力粉、薄力粉、シナモンパウダー、エジプト塩のさらさら部分をボウルに入れ、泡立て器で混ぜておく。

3 さつまいもを1cmの輪切りにして厚手の鍋に並べる。軽く塩(分量外)をふってひたひた弱の水につけ、火にかける。沸騰したら弱火にし、柔らかくなるまで蒸し煮にする。竹串がすっと通るようになったら、ふたを開けて水気を飛ばす。ここで焦げつかないように注意すること。

4 さつまいものうち半分は皮つきのままトッピング用にキープし、もう半分は皮を取ってマッシュする。

5 2のボウルに1を注ぎ、手でこねる。まとまってきたら3のさつまいものマッシュとオリーブ油の半量を入れ、よくこねる。ひとつにまとめたら大きめのボウルに入れ、ラップをして常温でおき、一次発酵させる(夏は約40分、冬は1時間~1時間半)。

6 5が2倍くらいにふくれてきたら、手でパンチをしてガス抜きをする。バットにオーブンシートを敷き、生地を平らに流し込む。さつまいもの輪切りを押し付けるようにのせて、エジプト塩のごりごり部分をかける。オリーブ油の残りを全体に回しかけ、常温で10~20分おき、二次発酵させる。ふっくらとした生地になったら250℃に予熱したオーブンで7~12分焼く。その後、温度を200℃に下げてさらに7~12分焼く。オーブンによって焼き時間が異なるが、P138の写真を参考に、しっかりとした焼き色がつくまで焼くこと。

よしコラム⑥

旅と食

旅に出たならその土地のおいしいものを味わってみたくなります。飽きてきたとしても海外で日本食の店に入ることはありません。とことんその土地の食、人、文化に触れる。そこから得るもの、感じるものがあるからです。

今までに味わったことのないものが、なぜか懐かしく感じて、昔食べたあの味に似ているとか、自分たちの日本の食文化と重ねてみたり、はたまたまったく重ならなかったり。今までの旅で出会った食事が今の私が作るほとんどのお料理にインスピレーションをくれている気がします。

サンフランシスコでパン屋さんの朝ごはんを食べにいったときのこと。朝ごはんだし、そんなに期待はしていなかったのですが、店員の女性が、ひたすらカンパーニュにアボカドをべったりぬってはレモン汁をじゃっとかけ、唐辛子と塩をその上にかけて終わりという、いたってシンプルなタルティーヌを黙々と作っていました。気になっていただいてみると、それは今までのオープンサンドの概念をくつがえすようなおいしさでした。作る姿はさりげなかったのですが、それはもう計算し尽くされた味わいだったのです。そしてその時私が強く思っていたことは「エジプト塩をかけてみたい！」ということでした（笑）。

海外だけではなく国内の田舎料理や、何げなく誰かのお母さんが作ってくれた郷土料理でも同じです。旅することは生きていくうえでのもっとも刺激的で、もっともかけがえのないもの。

私にとって「旅と食」は永遠の楽しみであるわけです。

楽しいタルティーヌ

仕上げにパラパラと調味料をのせてできるタルティーヌは、エジプト塩といちばん相性がいいサンドイッチ。それぞれ表情の違う3品をご紹介します。

◎アボカドエジオ

＜材料＞　4個分

パン（厚さ1cmのカンパーニュ）　1/2切れを4枚
にんにく（すりおろし）　少々
アボカド　1個
レモン汁　1/2個分
タバスコ　少々
オリーブ油　適量
エジプト塩　適量

＜作り方＞

1　パンにオリーブ油をかけてトースターでかりっと焼き、表面ににんにくのすりおろしをこすりつける。
2　フォークを使って、アボカドの実をたっぷりとぬりつける。
3　レモン汁、タバスコ、オリーブ油、エジプト塩の順番で味つけをする。

△メモ△
「アボカドエジオ」はタバスコのかわりに唐辛子でも。「リコッタいちじくハニー」は、いちじくのかわりに桃やマンゴー、シャインマスカットでもＯＫ。しっとり系のフルーツがおすすめです。チーズはマスカルポーネやクリームチーズでもおいしいですよ。

◎釜揚げしらすエジオ

＜材料＞　4個分

パン（厚さ1cmのカンパーニュ）　1/2切れを4枚
にんにく（すりおろし）　少々
釜揚げしらす　100g
プチトマト　8個
レモン汁　1/2個分
オリーブ油　適量
エジプト塩　適量

＜作り方＞

1 パンにオリーブ油をかけてトースターでかりっと焼き、表面ににんにくのすりおろしをこすりつける。
2 しらすを隅々までこんもりとのせ、1/4に切ったプチトマトをその上に並べる。
3 レモン汁、オリーブ油、エジプト塩の順番で味つけをする。

◎リコッタいちじくハニー

＜材料＞　4個分

パン（厚さ1cmのカンパーニュ）　1/2切れを4枚
リコッタチーズ　100g
いちじく　2個
はちみつ　小さじ2
エジプト塩　適量

＜作り方＞

1 パンをトースターでかりっと焼いておく。
2 粗熱が取れたらリコッタチーズをたっぷりぬり、薄切りにしたいちじくをのせて、はちみつ、エジプト塩の順番で味つけをする。

エジオ酸辣《サンラー》チャーハン

エジオ酸辣《サンラー》チャーハン

中国四川料理の名店「天悠」のオーナーであり、
私の心の師匠でもある嶋典雄シェフがよく作ってくれた絶品チャーハン。
今はもうお店がなくて食べられないので、
自分なりにアレンジを加えて再現したものです。

＜材料＞　4人分

硬めに炊いた白米　2合分
ごま油　大さじ1
にんにく(みじん切り)　小さじ1
しょうが(みじん切り)　小さじ1
長ねぎ(みじん切り)　50g
豚ひき肉　200g
ナンプラー　大さじ2
粗挽き黒こしょう　小さじ2
エジプト塩(さらさら)　小さじ1.5
黒酢　大さじ3

[仕上げ用]
香菜　1束(約40g)
エジプト塩(ごりごり)　大さじ1

＜作り方＞

1　フライパンにごま油、にんにくのみじん切り、しょうがのみじん切りを入れて火にかけ、香りを出しながらきつね色になるまでじっくり火入れする。次に長ねぎ、豚ひき肉の順で入れ、色が変わるまで炒め、ナンプラーと黒こしょうを入れる。

2　強火弱にし、白米を加えてほぐしながらさらに炒める。最後にエジプト塩のさらさら部分、黒酢をじゃっと回しかける。

3　器によそい、ひと口大に切った香菜をどさっとのせる。仕上げにエジプト塩のごりごり部分をかけてできあがり。

農民パスタ

どうしても出てしまう余り野菜を全部入れて、家族の夕飯として作ったのが始まり。
イタリアの“マンマ”が作ってくれそうな素朴さに
スタイリッシュなエジプト塩が加わって、やみつきになるおいしさです。

＜材料＞　4人分

パスタ（1.9mm）　300g
ごぼう　1本（約80g）
玉ねぎ　1個（約150g）
にんじん　1本（約70g）
セロリ　1本（約50g）
キャベツ　1/4個（約230g）

オリーブ油　大さじ4
にんにく（みじん切り）　2かけ分
アンチョビ　20g
グリーンピース　50g

［仕上げ用］
エジプト塩　大さじ2
上質のオリーブ油　大さじ3

＜作り方＞

1 ごぼうは斜め薄切り、玉ねぎは半分に切ってからスライス、にんじんは薄めの半月切り、セロリは筋を取ってから斜め薄切り、キャベツは芯は薄切り、葉はざく切りにする。

2 大きめの鍋に2ℓのお湯を入れて強火にかける。塩20g（分量外）を入れて沸騰したらパスタとキャベツを同時に入れ、お箸でひと混ぜしたら中火に弱めてお湯がぽこぽこと沸く程度の状態をキープしながらパスタの指定時間ゆでる。

3 フライパンにオリーブ油とにんにくのみじん切りを入れ、中火にかける。きつね色になったら刻んだアンチョビを入れて油に溶かし、キャベツ以外の野菜をまとめて炒める。炒めている途中にパスタのゆで汁を150cc、水を150cc入れる。ゆで汁をこれ以上入れるとしょっぱくなるので、さらに水分を増やしたいときは水を入れること。

4 野菜がくたっとしてきたら、ゆであげたパスタとキャベツをフライパンに入れ、パスタに野菜のうまみ汁を吸わせるイメージで全体を混ぜてなじませる。

5 器に盛りつけ、エジプト塩とオリーブ油をかけてできあがり。

よしコラム⑦

甘いもの塩っぱいもの

小学生の頃にはまったのが、お菓子作りでした。くる日もくる日もお菓子を焼いては家族を喜ばせたり、母の友人たちに配るのが日課のような子ども時代でした。

　大人になってからはまったのが、お酒と料理の組み合わせ。甘いものも好きですがお酒との相性を考えると……（もちろんお酒と甘いものも合いますが）。甘いものを愛してやまない人に出会うと、私はやっぱり「しょっぱい」ほうの人だな～なんて思ってしまいます（笑）。

　私が作る甘いものといえば、食事を楽しみつつお酒を飲んでからの、食後のスイーツとしての甘いものがメイン。

　そして近年はまっているのが、甘いものとしょっぱいものの組み合わせです。これはエジプト塩の誕生から特に世界が広がっています。チョコとエジオ、チーズとエジオ、焼き菓子とエジオ、アイスクリームとエジオ、コーヒーとエジオなどなど……。

　甘いとしょっぱい。新しいおいしさの発見はきっとこの先ずっとずっと終わりのない探求なんだろうな～。

第5章

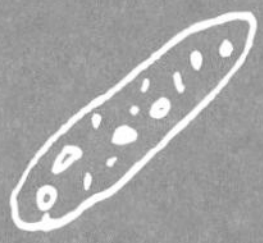

おやつ

スイーツと合わせてもおいしいのが、エジプト塩のすごいところ。
甘いとしょっぱいがクセになる魅惑のおやつの世界を楽しんで！

エジオレモンビスコッティー

エジプト塩がごりごり入った、食べ応えあるビスコッティー。
レモンのさわやかな香りと酸味があとをひきます。コーヒーと好相性！

＜材料＞　約10本分

強力粉　80g
きび砂糖　75g
アーモンドパウダー　60g
ベーキングパウダー　15g
エジプト塩（ごりごり）　小さじ5
レモンの皮とレモン汁　1個分
バター（溶かしておく）　10g
卵（溶いておく）　1個

＜作り方＞

1 強力粉、きび砂糖、アーモンドパウダー、ベーキングパウダーを計量してふるいにかけ、ボウルで合わせる。エジプト塩のごりごり部分、ゼスターなどで削ったレモンの皮を加えて軽く混ぜ、中央にくぼみを作る。

2 溶かしたバターとよく溶いた卵、レモン汁を1のくぼみの中に入れる。

3 生地にしっかり粘り気が出るまでこねる。

4 オーブンの天板に軽く打ち粉をしてクッキンシートを敷く。生地を12×18cmくらいの大きさで敷き詰め、175℃に予熱したオーブンで15分焼く。

5 焼き上がり粗熱が取れたら、押さないように気をつけながら、1.5cm幅くらいに包丁でそっと切る。

6 切り口を上に向けて並べ、145℃のオーブンで約25分焼く。目安は、しっかり中の水分が抜けきるイメージまで。しっかり焼くことで歯ごたえのあるおいしいビスコッティーになる。

エジオキャロットケーキ

小学生のときに母の友人から教えてもらって以来、何度も何度も作り続けてきた大好きなケーキ。エジプト塩を加えたこと以外は、レシピも当時のまま。ケーキ型も、30年以上ずっと同じものを使い続けています。

＜材料＞　21㎝の丸型１台分

にんじん（すりおろし）　150g
ラム酒漬けのレーズン　大さじ2
薄力粉　175g
シナモンパウダー　小さじ1
ベーキングパウダー　小さじ1
重曹　小さじ1
エジプト塩　小さじ1
卵　2個
きび砂糖　100g
米油　150g

［仕上げ用］
生クリーム150cc
きび砂糖　10g
エジプト塩（ごりごり）　適量

＜作り方＞

1　下準備として、ケーキ型にオーブンシートを敷いておく。

2　薄力粉にシナモンパウダー、ベーキングパウダー、重曹を入れてふるいにかけ、エジプト塩を加えてボウルで混ぜる。

3　卵ときび砂糖を別のボウルに入れ、人肌より少し温かいくらいのお湯で湯煎しながら泡立て器で混ぜる。人肌くらいの温かさになったら湯煎から外し、生地がしっかりするまで5分ほど泡立てる。米油を加えて混ぜ合わせ、水気をきったにんじんのすりおろしとラム酒漬けレーズンを入れる。2を加え、粉っぽさがなくなるまでさっくりと混ぜたら、ケーキ型に流し込む。

4　170℃に予熱したオーブンで約40分焼く。目安は周りにこんがりと焼き色がつくぐらい。焼いている間に生クリーム、きび砂糖をボウルで泡立ててホイップクリームを作っておく。

5　ケーキの粗熱が取れたらホイップクリームをのせて、エジプト塩のごりごり部分をトッピングしてできあがり。

極上干し柿チョコテリーヌ

かぼちゃアイスのピラミッドクッキーサンド

極上干し柿チョコテリーヌ

元スタッフから教えてもらったテリーヌのレシピに、
エジプト塩を加えてアレンジしたもの。
干し柿とチョコがこんなに合うなんて！と、大感動のおいしさです。

＜材料＞　22cmのパウンド型１台分

チョコレート（カカオ70％のもの）　200g
生クリーム　100cc
ラム酒　大さじ２
干し柿　４個
干しマンゴー　30g
柑橘ピール　50g
ピスタチオ　20g
ピーカンナッツ　50g
エジプト塩　小さじ1

［仕上げ用］
エジプト塩（ごりごり）　適量

＜作り方＞

1 下準備として、パウンド型にオーブンシートを敷き詰めておく。ピーカンナッツは170℃のオーブンで7分ローストしておく。

2 チョコレートはスライスするように刻みボウルに入れ、60℃くらいのお湯で湯煎をして溶かす。溶けてきたら生クリーム、ラム酒を加えてよく混ぜる。

3 パウンド型に2の半分を流し入れたら、干し柿、干しマンゴー、エジプト塩を並べ、柑橘ピール、ピスタチオ、ピーカンナッツは飾り付け用を少量残して並べ入れる。

4 残りのチョコレートを全部流し入れて、残りのピール、ピスタチオ、ピーカンナッツ、エジプト塩（ごりごり）で飾り付けをする。

5 粗熱が取れたら冷蔵庫でしっかり冷やしてできあがり。お好みの厚さにカットしていただく。

△メモ△
干し柿自体が甘いので、チョコレートはカカオ66～70％くらいのビターなものがおすすめ。干し柿のかわりに栗、焼きいも、煮たりんご、干しいちじくを入れてもおいしいですよ。

かぼちゃアイスのピラミッドクッキーサンド

エジプト塩食堂でも大人気のアイスクリーム。
両手で持って、がぶっといいただいてくださいね。

＜材料＞　12個分

［ピラミッドクッキー］
薄力粉　180g
アーモンドプードル　40g
きび砂糖　80g
米油　110g
卵　1個弱（34g）
シナモン　小さじ1/4
エジプト塩（さらさら）　小さじ1/2

［かぼちゃアイスクリーム］
かぼちゃのマッシュ　400g
牛乳　80cc
きび砂糖　100g
ラム酒　大さじ3
生クリーム　160cc
エジプト塩（ごりごり）　適量

＜作り方＞

1 クッキーを作る。薄力粉、アーモンドプードル、きび砂糖をふるいにかけておく。

2 ボウルに1を入れ、米油と溶き卵を加えて一気に混ぜ、へらで切るようにほぐしていく。

3 粉っぽさがなくなったら、へらで押し付けるように生地がしっかりつながるまで練る。

4 ラップでひとまとめにして、冷蔵庫で2時間寝かせる。

5 打ち粉をしながら、3mmほどの厚さに伸ばして三角の型で抜く。型がない場合はナイフでカットしてもよい。オーブンシートを敷いた天板に並べ、165℃に予熱したオーブンで焼き色がつくまで約25分焼く。

6 アイスクリームを作る。かぼちゃは小さくざく切りにしたら、厚手の鍋に半分ほどかぶる水と塩少々（分量外）を入れ、ふたをして中火弱で蒸し煮にする。かぼちゃに火が入り水分が飛ぶ寸前で粉吹きマッシュにし、熱いうちに牛乳、きび砂糖、ラム酒と混ぜて冷ましておく。

7 生クリームはボウルで八分立てにし、冷めた6をさっくり混ぜて容器に入れて冷凍庫で冷やす。固まったらフードプロセッサーで一回攪拌すると滑らかでおいしいアイスクリームになる。そのまま冷凍庫に入れているとカチカチになるので何度かフードプロセッサーで回すとよい。

8 クッキーにアイスをサンドしてお皿に盛り、エジプト塩（ごりごり）をかけて完成。

あの人のエジプト塩

使う人の自由な発想で、無限大の使い道があるエジプト塩。
ここからは、様々な分野からゲストシェフを招いて、
おすすめのエジプト塩料理、教えてもらいます。

01

細川亜衣さんの
ビャンビャン麺

「よしこちゃんの、手品みたいな調味料」

熊本市に暮らす料理家の細川亜衣さんが考案してくれたエジプト塩レシピは、中国の西安地方で食べられているという“ビャンビャン麺”。幅広の手打ち麺に、熊本で採れた野菜をたっぷりのせた一品は、中国料理とエジプト塩の意外な組み合わせのおいしさに気づかせてくれます。「中国を旅行したときに、この麺料理をたくさんいただきました。いろんな味がミックスされているエジプト塩は、スパイスや調味料の組み合わせで決まる中国料理にぴったりだと思います」

細川さんとよしこさんの交友の始まりは、自ら主催するイベントによしこさんを招いたことでした。「素材を大事にしたいという思いは料理家として共通しているけど、シンプルに仕上げることが多い私に対して、よしこちゃんはお料理にどんどんエッセンスを足していくのが面白い。そばで見ていても想像できない（笑）。そんな彼女ならではのミックス感をすくい取って、誰にでも再現できるようにしたのが『エジプト塩』なのではないでしょうか。よしこちゃんの手品みたいな調味料だと思います」

＜材料＞　4人分

［ 麺 ］
強力粉　200g
水　約90cc
塩　4g

［ 具 ］
好みの野菜
（今回は赤なす、かぼちゃ、赤パプリカ、ししとう、天草おくら、三尺ささげ、ゴーヤ、きゅうり、小ねぎ）
好みの香りの葉っぱ
（今回はスペアミント、コリアンダー）

［ 仕上げ用 ］
青唐辛子しょうゆ
（青唐辛子をしょうゆに漬けたもの）
自家製ラー油
（しょうが、ねぎ、干しえび、生赤唐辛子を刻み、熱々の花椒油をこして漬けたもの）
翡翠辣醤
（生青唐辛子、しょうがを刻み、塩を混ぜてから米油に漬けたもの）
青唐辛子酢
（青唐辛子を酢に漬けたもの）
菜種油　各適量
エジプト塩　大さじ4

＊野菜は他に何を使ってもよい。それぞれの野菜に合わせて生、炒める、焼く、ゆでる、揚げるなど好みの調理法で用意する。香りの葉っぱは上記の他にバジリコ、ディル、フェンネル、えごま、しそ、さんしょうなどを入れてもおいしい。
＊上にかける調味料も好みで、しょうゆ、ラー油の他、ねぎ油、豆板醤、芝麻醤、黒酢などを適宜加えてもよい。

＜作り方＞

1 麺の生地を作る。強力粉に水と塩を加えてこねる。全体になめらかになったら、木の台の上でボウルをかぶせて20～30分ほど休ませる。

2 生地を休ませている間に具の準備をする。今回はなす、かぼちゃは火の通りやすい厚さに、ししとう（半量は生で上にのせる分を取っておく）はそのまま、パプリカはへたと種を除いて適当な大きさに切る。

3 フライパンを中火で熱して菜種油をひき、野菜を種類別に分けて入れ、上からさらに菜種油と酒各少々を全体に回しかける。ふたをして中火でじっくりと蒸し焼きにし、途中で上下を返して芯まで火を通す。火が通ったら塩をふり、火を止めてふたをしたままおく。天草おくらと三尺ささげはそのまま、ゴーヤは縦半分に切り、種を取ってから5mm厚に切り、塩を入れた湯で色よくゆでる。

4 ゆだったら盆ざるに上げて水気をきり、おくらとささげは食べやすい形に切る。
きゅうりはしりしりですりおろし、小ねぎの小口切りと混ぜておく。
スペアミントとコリアンダーは葉を摘んでおく。

5 休ませておいた生地を1人分ずつに切り分け、打ち粉をして麺棒で2mmの厚さにのばし、3～4cmほどの幅に切る。生地の両端を左右から引っぱり、全体にやや透けるくらいまでのばす。

6 野菜をゆでた湯を沸かし、麺を入れてゆでる。再沸騰してから2～3分ほどが目安。

7 ゆでている間に蒸し焼きにした野菜を鉢に盛り、青唐辛子しょうゆを回しかける。

8 麺がほどよい硬さにゆだったら、手つきのざるですくって湯をざっときり、鉢に盛る。上から緑色の野菜と香りの葉っぱを盛り、菜種油を回しかけ、ラー油と翡翠辣醤を好みの量のせる。

9 エジプト塩を1人大さじ1ほど全体にふりかけて、供する。鉢の底からよく混ぜて食べる。途中で青唐辛子酢をかけてもおいしい。

細川亜衣

大学卒業後にイタリアに渡り、帰国後、東京で料理教室を主宰する傍ら料理家として各メディアで活動。2009年より熊本在住、国内外で料理教室や料理会を行っている。著書に『イタリア料理の本』(米沢亜衣名義、アノニマ・スタジオ)、『愛しの皿』(筑摩書房)、『食記帖』『スープ』『野菜』(ともにリトル・モア)など。

02

なかしましほさんのエジプト塩ミートパイ

「牛肉やラム肉との相性が抜群！」

おやつの店「foodmood」店主で、ナチュラルなお菓子や料理で人気の料理家、なかしましほさん。エジプト塩に出会ったのは、発売間もない頃だったと言います。「まだレシピブックもなかった頃にいただいて。自宅で、サラダや納豆などのシンプルな料理に使っていました。でもあるとき偶然牛すじ肉のスープに入れてみたら、とてもおいしくなったんです。エジプト塩の存在感はさりげないけど、まろやかな風味がある。牛肉やラム肉などの癖のあるお肉と相性がよいと気づいて、煮込み料理などにも使うようになりました」

今回おすすめしてくれたのも、牛やラムのひき肉で作るミートパイ。「エジプト塩とケチャップでシンプルに味つけしただけで、ナッツの食感や風味も楽しめるパイになりました。サクサクの生地も簡単に作れるものなので、おやつにぜひ試してみてください」

なかしましほ

東京・国立のおやつの店「foodmood」店主、料理家。書籍や雑誌などでのおやつやごはんのレシピ提案、映画や広告のフードコーディネートなどを行う。著書に『みんなのおやつ』(ほぼ日)、『まいにち食べたい“ごはんのような”クッキーとビスケットの本』(主婦と生活社)など多数。

＜材料＞　6個分

［フィリング］
牛またはラムのひき肉　150g

A
- 玉ねぎ　1/4個
- にんにく　1/2かけ
- にんじん　1/4本
- セロリ　1/5本

オリーブ油　大さじ1
エジプト塩　小さじ1〜2
ケチャップ　大さじ1

［パイ生地］
バター　75g
牛乳　30cc
薄力粉　120g

卵（溶いておく）　1/2個

＜作り方＞

1 フィリングを作る。Aをすべてみじん切りにして、フライパンにオリーブ油を熱し、中火で炒める。しんなりしてにんじんに火が通ったらひき肉を入れて色が変わるまで炒める。エジプト塩、ケチャップの順に加えて炒め、冷ましておく。
＊エジプト塩は、塩とスパイス、ナッツがバランスよく入るよう、計量する。まず小さじ1入れて味を見て、少ししっかりめの塩味になるまで調整する。

2 パイ生地を作る。ボウルにバターと牛乳を入れて湯煎にかけ、バターが溶けたら泡立て器で全体がなじむまで混ぜる。

3 薄力粉をふるい入れ、へらでさっくりと粉気がなくなるまで混ぜる。ラップで包んで平らにし、冷蔵庫で30分休ませる。生地を6等分にカットし、ラップにのせてそれぞれ麺棒で2mmの厚さに四角くのばす。1を6等分して真ん中にのせて包み、合わせめをくっつける。再度冷蔵庫で30分休ませておく。

4 オーブンを190度に予熱する。生地を取り出してオーブンシートの上にのせ、表面に溶き卵をぬり、190度のオーブンで20分、よい焼き色がつくまで焼く。
＊ヨーグルトに塩を少々混ぜて添えてもおいしい。

03

石村由起子さんのエビと香草のエジプト塩夏ごはん

　奈良に30年以上も続くカフェと雑貨の店「くるみの木」のオーナーで、暮らしや料理に関する著書も多い石村由起子さん。自身の店でも扱うエジプト塩の大ファンを公言しています。「忙しい人にぴったりの、魔法の調味料だと思います。よく作るのは、ごはんを炊いて、エジプト塩を混ぜるだけの簡単レシピ。香草やトッピングを加えて、自分なりに工夫はしていますが、エジプト塩自体にいろんな味があっておいしいから、それだけでごちそうになるんです」。カフェやレストランで働く従業員たちに、この混ぜごはんを差し入れしたところ、大好評だったと言います。「初めて作ったときにとても喜ばれて、それから私の定番になりました。私の味というより、エジプト塩を使っただけのよしこちゃんの味なんだけどね（笑）。一度にたくさんの人にふるまうから、3瓶はつねにストックしていないと不安になってしまうほど、手放せないアイテムです」

石村由起子

奈良のカフェと雑貨の店「くるみの木」オーナー。同店は1984年の開店以来、全国からファンが訪れる人気店。現在奈良市内に「秋篠の森」「鹿の舟」を、東京・白金台に「ときのもりLIVRER」を展開する。国内外の企業や自治体などの商品企画から、まちづくりなどにも関わる。著書に『私は夢中で夢をみた』（文藝春秋）など多数。

「いつでも使いたいから、
3瓶はストックしています(笑)」

＜材料＞　1人分

ごはん　180g
エビ（ボイル）　3尾
帆立　1個
ズッキーニ　くし形切りを2カット
なす　くし形切りを3カット
香菜　ひとつまみ
レモン　1/8カット
エジプト塩　小さじ1
トッピングに、柚子こしょうとじゃこのコロッケ

＜作り方＞

1　エビ、帆立を塩、こしょうで焼く。
2　コロッケ、なす、ズッキーニは揚げる。
3　ごはんにエジプト塩を混ぜ、お皿に盛る。
4　上にエビ、帆立、なす、ズッキーニをのせ、エジプト塩を振りかける。真ん中に香菜を散らし、その上にコロッケをのせてレモンを添える。

2015年にオープンした喫茶室「鹿の舟 囀」の人気メニューのひとつ、アボカドトースト。スライスしたアボカドに、エジプト塩がトッピングされている。

04

ロス・バルバドスのクスクスと青菜のピラフパコラを添えて

「アフリカっぽさあるよね(笑)」

東京・渋谷に店を構えるロス・バルバドスは、よしこさんも大ファンというアフリカン・エスニックの小さなレストラン。店を切り盛りする上川さん夫妻に、本場のアフリカ料理とエジプト塩が出会ったらどんな味が生まれるのか、聞いてみました。「エジプト塩はよしこちゃんの妄想トリップから生まれたとのことですが、ちゃんとエジプトっぽさがあると思いますよ（笑）。アフリカには様々な文化があるけど、北アフリカや中東ではスパイスやナッツがよく使われるんです」

今回紹介してくれたのは、クスクスのピラフのパコラ添え。「パコラはインド発祥の、ひよこ豆の粉を使ったフリッターのこと。今日は夏野菜で作りましたが、山菜もおいしいし、旬の野菜を使ってお店でも出しています。ひよこ豆の風味と、エジプト塩のナッティーな感じがぴったりだと思うんです。クスクスとパコラ、どちらもエジプト塩をたっぷりトッピングして楽しんでみてください」

上川大助・真弓

ロス・バルバドスオーナー。2010年、東京でも珍しかったアラブ・アフリカ料理を提供するレストラン、ロス・バルバドスを渋谷区宇田川町にオープン。

◎クスクスと青菜のピラフ

＜材料＞＞　6皿分

青菜(旬のもの、なんでも)　丼2杯分くらい
クスクス(戻したもの)*　500～600g
オリーブ油、塩　各適量

＜作り方＞

1　フライパンにオリーブ油を温める。
2　青菜を炒める。
3　青菜に火が通り、かさが減ったらクスクスを加えさらに炒める。
4　塩をひとつまみほど混ぜかける。

＊葉物は火を入れるとかさが減るので、かなり多めに用意。大きな葉は手でちぎる。
＊クスクスの戻し方
乾燥したクスクス240gに、塩ひとつまみとオリーブ油小さじ1を加え、熱湯400ccを入れる。そのまま5分ほど放置して、お湯を吸ったクスクスをフッ素樹脂加工のフライパンであおる。ピラフにするには時間がたったものでもOK。

◎野菜のパコラ

＜材料＞　4人分

パプリカ　1/2個
オクラ　4本
マッシュルーム　4個

ベサン粉(ひよこ豆の粉)　60g
塩　小さじ1/2
ガラムマサラ　小さじ1/2
ベーキングパウダー　小さじ1/4
水　160cc
油、エジプト塩　各適量

＜作り方＞

1　パプリカは4等分、オクラとマッシュルームは半分に切る。
2　ベサン粉に塩とガラムマサラ、ベーキングパウダーを加え、水を足してよく混ぜる。
3　野菜を2にくぐらせ、油で揚げる。
4　クスクスと青菜のピラフに添え、全体にエジプト塩をかける。
　＊ベサン粉が無ければ、小麦粉でもOK。野菜は旬のものならなんでもよい。

05

田代翔太さんのエジプト塩スコーン

ケーキショップMERCI BAKEの田代翔太さんが作ってくれたのは、エジプト塩のスコーン。今は親しい田代さんとよしこさん、出会いのきっかけになったのが、このスコーンでした。「あるとき共通の知人から、よしこさんへの手土産用にスコーンを焼いてほしいと頼まれたんです。同じ頃にたまたまエジプト塩を知って、スコーンに使ったら面白いかもしれない、と思って試してみました。よしこさんにはお会いしたこともないのに、勝手に作ったものです（笑）」。そのスコーンを食べたよしこさんが感激して、田代さんにお礼の連絡をしたことから交友が始まります。「おいしかった！というお礼の言葉と、ちょっとだけしょっぱいかも、とアドバイスもいただいて、うれしかったですね。塩加減が難しいなと自分でも思っていたんです」

今回は、レシピを少し改良。エジプト塩はふるいにかけてから計量し、お店のスコーンには使う全粒粉も使っていません。「全粒粉を使うと香ばしくておいしいのですが、今回はやめました。シンプルな生地のほうが、エジプト塩の味や食感がより引き立つと思って」。取材時に味見したよしこさんも「おいしい！　翔太くんすごいなあ」と絶賛。今後MERCI BAKEのラインナップに加わるかも？という、新しい味のスコーンが生まれました。

田代翔太

東京、松陰神社商店街のケーキショップ「MERCI BAKE」のオーナー、パティシエ。フランスでの修業、レストラン「LIFE SON」でのパティシエ勤務を経て、2014年7月にMERCI BAKEをオープン。

「出会いのきっかけは
エジプト塩スコーン」

＜材料＞　6cmの三角形10個分

バター　150g
きび砂糖　50g
はちみつ　30g
エジプト塩（さらさら）　1g
牛乳（または豆乳）　150g

薄力粉　350g
ベーキングパウダー　5g
エジプト塩　お好みで

＜作り方＞

1 ボウルに分量のバターを入れ常温にもどす。ゴムベラで簡単につぶせるくらいの柔らかさに。

2 1のボウルに、きび砂糖、はちみつ、エジプト塩（さらさら）を加えて混ぜ合わせる。

3 牛乳を人肌くらいに温め、2のボウルに少しずつ加えて混ぜ合わせる。温めすぎたり、一度にたくさん加えすぎるとバターが溶けてしまうので注意すること。

4 薄力粉とベーキングパウダーを合わせてふるい、3のボウルに入れて混ぜ合わせる。粉がなくなり生地がむらなくなじめばOK。混ぜすぎないこと。

5 できあがった生地をラップかベーキングシートなどではさみ、麺棒を使って厚さ2cmほどの長方形にのばす。このとき、作りたいサイズに合わせた幅にのばしておくとよい。冷蔵庫で冷やして休ませる。

6 しっかりと冷えた生地を包丁で三角形にカットし、上にエジプト塩をふりかけ、150℃のオーブンで全体に焼き色がつくまで焼く。焼き時間は約20～30分。

＊3の牛乳を加える際に分離してしまいがちですが、少しずつ加えしっかりと混ぜ合わせてがんばりましょう。少し分離してしまっても粉を入れるとなじむので大丈夫です。
＊厚紙などで型紙を作っておくと、カットしやすくなります。

スパイシーバルサミコ
しょうゆソース
きのこペースト
スパイス豆乳
マヨネーズ
バンバンジーソース

◎自分で作る調味料◎

エジプト塩料理と合わせるとおいしい、4種類の手作り調味料。
一度作って保存しておけば、簡単においしい一品ができますよ。

きのこペースト

調味料というよりも常備菜的に使いたい、
とっても便利なペーストです。

＜材料＞　4人分

きのこ3種類　各1パック（約300g）
（しめじ、まいたけ、エリンギ、しいたけ、平たけなど）
にんにく（みじん切り）　1個分
唐辛子（半分にカットして中の種を捨てておく）　1本
ローリエ　1枚
オリーブ油　大さじ3
ブラックオリーブ　100g
エジプト塩　大さじ1弱

＜作り方＞

1　きのこは石づきを取り、同じくらいの大きさに裂いておく。
2　フライパンでにんにくのみじん切り、唐辛子、ローリエ、オリーブ油を入れて中火にかけ、香りがたちきつね色になってきたらきのこを入れてじゃっと炒める。
3　2の粗熱をとり、ローリエだけ取り出してフードプロセッサーに入れ、オリーブ、エジプト塩も加えて回す。
4　タッパーに入れてローリエをもう一度混ぜ込んで、密封ラップをして保存する。10日間ほど冷蔵保存可能。食べるときローリエは取り除く。

◎おすすめの料理◎ きのこ on きのこ しいたけ丸ごとフライ（P33）、ほかにも、パスタのソースに、パンのディップに、焼いたお肉やお魚のソースに。

スパイシーバルサミコしょうゆソース

スパイシーな深みがあるソース。
しょうゆのかわりに使えば、エキゾチックな仕上がりに。

＜材料＞　4人分

バルサミコ酢　200cc
きび砂糖　30g
濃口しょうゆ　200cc
スターアニス　2個
しょうが、にんにく　各1かけ
昆布　5cm
白こしょう　5粒
クミン　小さじ1/2
唐辛子　1本
（半分にカットして中の種を捨てておく）
花椒の粒　小さじ1
五香粉　少々

＜作り方＞

1　バルサミコ酢ときび砂糖を小鍋に入れて火にかける。沸騰したら中火弱で10分煮る。
2　しょうゆと残りのスパイスをすべて加え、さらに5分ほど煮る。こして保存瓶に入れ、粗熱がとれたら冷蔵保存する。

◎おすすめの料理◎ 絶品！揚げごぼう（P32）、高野豆腐のアーモンドカツ（P115）、ほかにも、きんぴら、照り焼き、揚げたお魚にからめて、肉じゃがの仕上げに使うと中国料理風に。

バンバンジーソース

野菜にかけたり、餃子のつけだれにしたり。
エジプト塩とのダブル使いで料理がよりおいしくなります。

＜材料＞　4人分

白ごまペースト　大さじ5
（柔らかめのもの）
水　大さじ1.5
（ペーストの硬さにより調整）
しょうゆ　大さじ2
米酢　大さじ2
ラー油　適量
（辛みはお好みで調整）

＜作り方＞

1　すべての材料をボウルに入れ、混ぜるだけでできあがり。約2週間冷蔵保存が可能。

◎おすすめの料理◎ 季節の彩り野菜丸かじりプレート（P46）、エジオバンバンジー餃子（P106）、ほかにも、蒸し鶏のソース、青菜のごま和え、サラダのドレッシングのベースなどに。

スパイス豆乳マヨネーズ

ほんのりスパイシーなソース。マヨネーズ感覚で、自由に楽しんでくださいね。

＜材料＞　4人分

豆乳　200cc
米油　400cc
塩麹　大さじ2
レモン汁　1/2個分
塩　小さじ1
こしょう　少々
ターメリック　小さじ1/2
にんにく（すりおろし）　ほんの少々

＜作り方＞

1　ジューサーにすべての材料を入れて回す。分離しないようにしっかりと混ざるまで回すこと。
2　清潔な保存瓶に入れ、密封ラップをして冷蔵保存すれば2週間ほどおいしく食べられる。使う度によく混ぜる。

◎おすすめの料理◎ サ・バ・タ・ブ・レ（P63）、白いんげんの塩麹コロッケ（P110）、ほかにも、野菜のディップ、ポテトサラダ、かぼちゃサラダ、コールスローなどに。

▲「エジプト塩」全国取扱店一覧▲

エジプト塩は、2011年の発売から少しずつ店舗を増やし、たかはしよしこのフードアトリエ「S/S/A/W」をはじめ、2018年時点で全国約50店舗で取り扱いをしています。

＊店舗によっては在庫がない場合もございます。お買い求めの際には各店舗にお問い合わせください。
＊2018年2月末日時点で掲載確認ができた店舗を掲載しています。

▲S/S/A/W　東京都品川区荏原5-15-15 西小山サマリヤマンション1F　tel. 03-3782-5100
https://egyptjio.stores.jp/（ウェブストア）

＜北海道＞ ▲Ach so ne　札幌市中央区大通西16-3-27 美術館前片岡ビル2F　tel.011-676-5008
▲cafe ゴリョウ　富良野市上御料　tel.0167-23-5139
▲torimigi　滝川市大町1-6-1　tel.090-6268-5133
▲ラムヤート　虻田郡洞爺湖町洞爺町128-10　tel.0142-87-2250
▲Less　旭川市豊岡11条5-4-24　tel. 0166-37-7677
▲Less HIGASHIKAWA　上川郡東川町南町1-1-6　tel. 0166-73-6325
＜青 森＞ ▲THE STABLES　弘前市代官町14-2　tel.0172-33-9225
＜福 島＞ ▲食堂つきとおひさま　喜多方市寺町南5006　tel.0241-23-5188
＜東 京＞ ▲かぐれ　表参道店　渋谷区神宮前4-25-12 MIKO神宮前　tel.03-5414-5737
▲かぐれ　丸の内店　千代田区丸の内2-5-1 丸の内2丁目ビル1F　tel.03-6266-8383
▲CASICA　江東区新木場1-4-6　tel.03-6457-0826
▲カフェ＆ブックス ビブリオテーク 東京・自由が丘　目黒区自由が丘1-11-7 etomo　tel.03-5726-8172
▲くにたち野菜　しゅんかしゅんか　国立市中1-1-1 中一マンション101　tel.042-505-7315
▲コトラボ阿佐ヶ谷　杉並区阿佐谷南2-42 ビーンズてくて　tel. 03-6383-2234
▲SHIBUYA PUBLISHING & BOOKSELLERS　渋谷区神山町17-3 テラス神山1F　tel.03-5465-0588
▲タルイベーカリー　渋谷区代々木4-5-13 レインボービル3 1F　tel.03-6276-7610
▲CICOUTE BAKERY　八王子市南大沢3-9-5-101　tel.042-675-3585
▲手紙舎 2nd story　調布市菊野台1-17-5 2F　tel.042-426-4383
▲doinel　港区北青山3-2-9　tel.03-3470-5007
▲熱帯音楽酒場 Los Barbados　渋谷区宇田川町41-26　tel.03-3496-7157
▲jokogumo よこぐも　新宿区白銀町1-6 1F　tel.03-5228-3997
＜静 岡＞ ▲breffee STORE　静岡市葵区鷹匠3-11-26　tel.054-665-9039
＜千 葉＞ ▲柏の葉 蔦屋書店　柏市若柴227-1　tel.04-7197-2900

< 山 梨 > ▲ 豊鮨　甲府市善光寺1-12-7　tel.055-233-1216

< 群 馬 > ▲ JAMCOVER おやつ店　高崎市下室田町1686 JAMCOVER VILLAGE内おやつ棟　tel.027-384-4471

< 富 山 > ▲ SAYSFARM　氷見市余川北山238　tel.0766-72-8288

▲ 林ショップ　富山市総曲輪2-7-12　tel.076-424-5330

< 岐 阜 > ▲ EUREKA SATELLITE STORE　岐阜市日ノ出町1-20 ロイヤルビル1F　tel. 058-201-3970

▲ EUREKA FACTORY HEIGHTS　岐阜市敷島町6-2-2　tel. 058-213-7709

▲ エムエム・ブックスみの　美濃市俵町2118-19　tel.0575-46-7091

< 長 野 > ▲ LABORATORIO　松本市大手1-3-29　tel.0263-36-8217

< 奈 良 > ▲ 風の栖　奈良市高御門町17　tel.0742-20-6887

▲ くるみの木 cage　奈良市法蓮町567-1　tel.0742-20-1480

< 京 都 > ▲ 恵文社 一乗寺店　京都市左京区一乗寺払殿町10　tel.075-711-5919

▲ Tango Organic Farmer's Market・キコリ谷テラス　京丹後市弥栄町船木407　tel.0772-66-3210

< 大 阪 > ▲ カフェ&ブックス ビブリオテーク 大阪・梅田店　大阪市北区梅田1-12-6 E-maB1F　tel.06-4795-7553

▲ スタンダードブックストア心斎橋　大阪市中央区西心斎橋2-2-12 クリスタグランドビルBF　tel.06-6484-2239

▲ dieci 天神橋店　大阪市北区天神橋1-1-11 天一ビル1F　tel.06-6882-7828

▲ dieci 南船場店　大阪市中央区博労町4-3-14 柴田ビル207　tel. 06-6121-7220

< 兵 庫 > ▲ ViVO,VA　神戸市中央区栄町通2-1-2 日東ビル1F　tel.078-334-7225

▲ ポノポノ食堂　尼崎市南塚口町2-14-1　tel.06-6415-8845

< 広 島 > ▲ USHIO CHOCOLATL　尾道市向島町立花2200 立花自然活用村管理センター2F　tel.0848-36-6408

▲ CASICO　広島市中区立町5-17 SOMAビル2F　tel.082-246-9705

< 鳥 取 > ▲ あわ屋　米子市両三柳2676-1　tel.0859-57-2862

< 島 根 > ▲ アルトスブックストア　松江市南田町7-21　tel.0852-21-9418

< 香 川 > ▲ まちのシューレ963　高松市丸亀町13-3 高松丸亀町参番街東館2F　tel.087-800-7888

< 徳 島 > ▲かまパン&ストア　名西郡神山町神領字北190-1　tel. 088-676-1077

▲cue!　徳島市昭和町7-1-2　tel. 088-622-4465

< 福 岡 > ▲ カフェ&ブックス ビブリオテーク 福岡・天神　福岡市中央区天神2-10-3 VIORO B1F　tel.092-752-7443

▲ ニコパン　三潴郡大木町横溝82-1　tel.0944-78-1292

▲ PATINA　福岡市中央区薬院1-7-12 セルクル薬院402　tel.092-791-9672

< 長 崎 > ▲ HANAわくすい　東彼杵郡波佐見町井石郷 2187－4　tel.0956-85-8155

< 熊 本 > ▲ カフェ&ブックス ビブリオテーク 熊本・鶴屋　熊本市中央区手取本町6-1 鶴屋百貨店東館1Fパークテリア

tel.096-323-5270

< 大 分 > ▲ jam jam.　熊本市東区東野2-5-4　tel.096-240-2148

< 佐 賀 > ▲ spica　別府市立田町1-34　tel.090-9476-0656

▲ RITMUS　佐賀市大和町梅野159-1　tel.0952-97-5876

たかはしよしこの
フードアトリエ
「S/S/A/W」ご案内

正式名称は「SPRING / SUMMER / AUTUMN / WINTER」。季節の素材を追いかけながら、野菜から、生産者さんから、たくさんのエネルギーをもらいながらお料理しています。このアトリエから生まれる何料理かわからない唯一無二の一皿。とびきりのおいしい魔法をかけた瓶詰たち。「あそびごころ・こどもごころ・食はこころ」をモットーに、新しい風が吹くフードアトリエです。週末限定でオープンする「エジプト塩食堂」では季節のおいしさをお楽しみ頂けます。

S/S/A/W

〒142-0063　東京都品川区荏原5-15-15 西小山サマリヤマンション1F
Tel & Fax 03-3782-5100
http://s-s-a-w.com/
＊不定期営業。週末の「エジプト塩食堂」の営業日はホームページに掲載しています。

たかはしよしこ

Yoshiko Takahashi

料理家、フードデザイナー。生産者と食べる人との架け橋となることをモットーに、季節やテーマに合わせたお料理を制作。2006年頃よりケータリングを中心に料理家として活動。2012年に開いたフードアトリエ「S/S/A/W」を拠点に、月に数日の「エジプト塩食堂」の営業、ケータリング、予約制のディナー、「エジプト塩」をはじめとする調味料の開発・製造も手がけている。

エジプト塩《じお》の本《ほん》

2018年3月15日　初版第1刷発行

著者　たかはしよしこ
アートディレクション＆デザイン・撮影・イラストレーション　前田景
デザイン　大園早香
スタイリング　岩崎牧子
取材・文　小宮山さくら
編集　保田美樹子（美術出版社）
協力　太田真奈、青木健太朗、吉澤美波

印刷・製本　東京印書館株式会社

発行人　中西一雄、井上智治
発行　株式会社美術出版社
〒141-8203　東京都品川区上大崎3-1-1目黒セントラルスクエア5F
Tel 03-6809-0318（営業）、03-6809-0542（編集）

振替　00110-6-323989
http://www.bijutsu.press

ISBN978-4-568-30084-0　C0077

・本書に掲載されている商品の価格は税抜表示です。
・商品情報、店舗情報は2018年2月末日時点のものです。